華志文化

華志文化

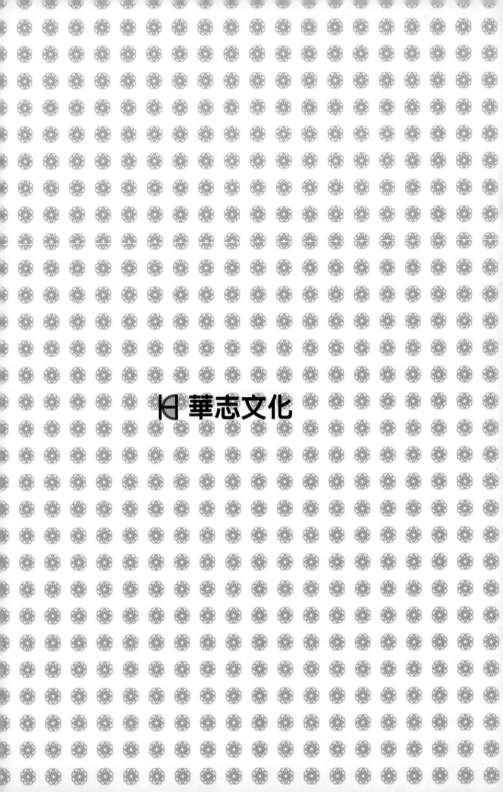

了凡四訓

明代創世之作

流傳百年至今

鍾茂森教授講述

袁了凡（明）◆原著

鍾茂森教授◆講述

曾國藩、胡適、印光大師、淨空老法師、稻盛和夫等人推崇的人生寶典

種德立命，修身治世的家訓名篇

改造命運，心享事成的勵志寶典

融彙儒釋道三家學問，展現中華傳統智慧

文化學者鍾茂森教授，詳細解讀改造命運

欲改變命運，化凶為吉者，要讀此書。

欲功名富貴，壽命增長者，要讀此書。

欲轉病為健，轉夭為壽，轉窮為達，轉罪為福者要讀此書

目錄

《了凡四訓》原文

《了凡四訓》序文

《了凡四訓》原文

第一篇　立命之學

余童年喪父，老母命棄舉業學醫，謂可以養生，可以濟人，且習一藝以成名，爾父夙心也。後余在慈雲寺，遇一老者，修髯偉貌，飄飄若仙，余敬禮之。語余曰：「子仕路中人也，明年即進學，何不讀書？」

余告以故，並叩老者姓氏里居。

曰：「吾姓孔，雲南人也。得邵子皇極數正傳，數該傳汝。」

余引之歸，告母。

母曰：「善待之。」

試其數，纖悉皆驗。余遂起讀書之念，謀之表兄沈稱，言：「郁海谷先生，在沈友夫家開館，我送汝寄學甚便。」

余遂禮郁為師。

孔為余起數：縣考童生，當十四名；府考七十一名，提學考第九名。明年赴考，三處名數皆合。復為卜終身休咎，言：某年考第幾名，某年當補廩，某年當貢，貢後某年，當選四川一大尹，在任三年半，即宜告歸。五十三歲八月十四日丑時，當終於正寢，惜無子。余備錄而謹記之。

自此以後，凡遇考校，其名數先後，皆不出孔公所懸定者。獨算余食廩米九十一石五斗當出貢；及食米七十餘石，屠宗師即批准補貢，余竊疑之。後果為署印楊公所駁，直至丁卯年（西元一五六七年），殷秋溟宗師見余場中備卷，嘆曰：「五策，即五篇奏議也，豈可使博洽淹貫之儒，老於窗下乎！」遂依縣申文準貢，連前食米計之，實九十一石五斗也。余因此益信進退有命，遲速有時，淡然無求矣。

貢入燕都，留京一年，終日靜坐，不閱文字。己巳（西元一五六九年）歸，遊南雍，未入監，先訪雲谷會禪師於棲霞山中，對坐一室，凡三晝夜不瞑目。

雲谷問曰：「凡人所以不得作聖者，只為妄念相纏耳。汝坐三日，不見起一妄念，何也？」

余曰：「吾為孔先生算定，榮辱死生，皆有定數，即要妄想，亦無可妄想。」

雲谷笑曰：「我待汝是豪傑，原來只是凡夫。」

問其故？

曰：「人未能無心，終為陰陽所縛，安得無數？但惟凡人有數；極善之人，數固拘他不定；極惡之人，數亦拘他不定。汝二十年來，被他算定，不曾轉動一毫，豈非是凡夫？」

余問曰：「然則數可逃乎？」

曰：「命由我作，福自己求。詩書所稱，的為明訓。我教典中說：『求富貴得富貴，求男女得男女，求長壽得長壽。』夫妄語乃釋迦大戒，諸佛菩薩，豈誑語欺人？」

余進曰：「孟子言『求則得之』，是求在我者也。道德仁義可以力求，功名富貴，如何求得？」

雲谷曰：「孟子之言不錯，汝自錯解了。汝不見六祖說：『一切福田，不離方寸；從心而覓，感無不通。』求在我，不獨得道德仁義，亦得功名富貴，內外雙得，是求有益於得也。若不返躬內省，而徒向外馳求，則求之有道，而得之有命矣，內外雙失，故無益。」

因問：「孔公算汝終身若何？」

余以實告。

雲谷曰：「汝自揣應得科第否？應生子否？」

余追省良久，曰：「不應也。科第中人，類有福相，余福薄，又不能積功累行，以基厚福；兼不耐煩劇，不能容人；時或以才智蓋人，直心直行，輕言妄談。凡此皆薄福之相也，豈宜科第哉。

「地之穢者多生物，水之清者常無魚，余好潔，宜無子者一；和氣能育萬物，余善怒，宜無子者二；愛維生生之本，忍為不育之根，余矜惜名節，常不能捨己救人，宜無子者三；多言耗氣，宜無子者四；喜飲鑠精，宜無子者五；好徹夜長坐，而不知葆元毓神，宜無子者六。其餘過惡尚多，不能悉數。」

雲谷曰：「豈惟科第哉。世間享千金之產者，定是千金人物；享百金之產者，定是百金人物；應餓死者，定是餓死人物；天不過因材而篤，幾曾加纖毫意思。

「即如生子，有百世之德者，定有百世子孫保之；有十世之德者，定有十世子孫保之；有三世二世之德者，定有三世二世子孫保之；其斬焉無後者，德至薄也。

「汝今既知非。將向來不發科第，及不生子之相，盡情改刷；務要積德，務要包荒，務要和愛，務要惜精神。從前種種，譬如昨日死；從後種種，譬如今日生；此義理再生之身也，夫血肉之身，尚然有數；義理之身，豈不能格天。太甲曰『天作孽，猶可違；自作孽，不可活。』詩云：『永言配命，自求多福。』孔先生算汝不登科第，不生子者，此天作之孽，猶可得而違；汝今擴充德行，力行善事，多積陰德，此自己所作之福也，安得而不受享乎？

「易為君子謀，趨吉避凶；若言天命有常，吉何可趨，凶何可避？開章第一義，便說：『積善之家，必有餘慶。』汝信得及否？」

余信其言，拜而受教。因將往日之罪，佛前盡情發露，為疏一通，先求登科，誓行善事三千條，以報天地祖宗之德。

雲谷出功過格示余，令所行之事，逐日登記，善則記數，惡則退除，且教持準提咒，以期必驗。

語余曰：「符籙家有云：『不會書符，被鬼神笑。』此有祕傳，只是不動念也。執筆書符，先把萬緣放下，一塵不起。從此念頭不動處，下一點，謂之渾沌開基。由此而一筆揮成，更無思慮，此符便靈。凡祈天立命，都要從無思無慮處感格。

「孟子論立命之學，而曰：『夭壽不貳。』夫夭與壽，至貳者也。當其不動念時，孰為夭，孰為壽？細分之，豐歉不貳，然後可立貧富之命；窮通不貳，然後可立貴賤之命；夭壽不貳，然後可立生死之命。人生世間，惟死生為重，曰夭壽，則一切順逆皆該之矣。

「至修身以俟之，乃積德祈天之事。曰修，則身有過惡，皆當治而去之；曰俟，則一毫覬覦，一毫將迎，皆當斬絕之矣。到此地位，直造先天之境，即此便是實學。

「汝未能無心，但能持準提咒，無記無數，不令間斷，持得純熟，於持中不持，於不持中持，到得念頭不動，則靈驗矣。」

余初號學海，是日改號了凡；蓋悟立命之說，而不欲落凡夫窠臼也。從此而後，終日兢兢，便覺與前不同。前日只是悠悠放任，到此自有戰兢惕厲景象，在暗室屋漏中，常恐得罪天地鬼神；遇人憎我毀我，自能恬然容受。

到明年（西元一五七〇年）禮部考科舉，孔先生算該第三，忽考第一；其言不驗，而秋闈中式矣。然行義未純，檢身多誤：或見善而行之不勇，或救人而心常自疑；或身勉為善，而口有過言；或醒時操持，而醉後放逸；以過折功，日常虛度。自己巳歲（西元一五六九年）發願，直至己卯歲（西元一五七九年），歷十餘年，而三千善行始完。

時方從李漸庵入關，未及迴向。庚辰（西元一五八〇年）南還。始請性空、慧空諸上人，就東塔禪堂迴向。遂起求子願，亦許行三千善事。辛巳（西元一五八一年），生汝天啟。

余行一事，隨以筆記；汝母不能書，每行一事，輒用鵝毛管，印一朱圈於曆日之上。或施食貧人，或買放生命，一日有多至十餘圈者。至癸未(西元一五八三年)八月，三千之數已滿。復請性空輩，就家庭迴向。九月十三日，復起求中進士願，許行善事一萬條，丙戌(西元一五八六年)登第，授寶坻知縣。

余置空格一冊，名曰治心編。晨起坐堂，家人攜付門役，置案上，所行善惡，纖悉必記。夜則設桌於庭，效趙閱道焚香告帝。

汝母見所行不多，輒顰蹙曰：「我前在家，相助為善，故三千之數得完；今許一萬，衙中無事可行，何時得圓滿乎？」

夜間偶夢見一神人，余言善事難完之故。神曰：「只減糧一節，萬行俱完矣。」蓋寶坻之田，每畝二分三厘七毫。余為區處，減至一分四厘六毫，委有此事，心頗驚疑。適幻余禪師自五台來，余以夢告之，且問此事宜信否？

師曰：「善心真切，即一行可當萬善，況合縣減糧，萬民受福乎？」

吾即捐俸銀，請其就五台山齋僧一萬而迴向之。

孔公算予五十三歲有厄，余未嘗祈壽，是歲竟無恙，今六十九矣。書曰：「天難諶，命靡常」；又云：「惟命不於常」，皆非誑語。吾於是而知，凡稱禍福自己求之者，乃聖賢之言。若謂禍福惟天所命，則世俗之論矣。

汝之命，未知若何？即命當榮顯，常作落寞想；即時當順利，常作拂逆想；即眼前足食，常作貧窶想；即人相愛敬，常作恐懼想；即家世望重，常作卑下想；即學問頗優，常作淺陋想。

遠思揚祖宗之德，近思蓋父母之愆；上思報國之恩，下思造家之福；外思濟人之急，內思閑己之邪。

務要日日知非，日日改過；一日不知非，即一日安於自是；一日無過可改，即一日無步可進；天下聰明俊秀不少，所以德不加修、業不加廣者，只為因循二字，耽擱一生。

雲谷禪師所授立命之說，乃至精至邃、至真至正之理，其熟玩而勉行之，毋自曠也。

第二篇　改過之法

春秋諸大夫，見人言動，億而談其禍福，靡不驗者，左國諸記可觀也。大都吉凶之兆，萌乎心而動乎四體，其過於厚者常獲福，過於薄者常近禍，俗眼多翳，謂有未定而不可測者。至誠合天，福之將至，觀其善而必先知之矣。禍之將至，觀其不善而必先知之矣。今欲獲福而遠禍，未論行善，先須改過。

但改過者，第一，要發恥心。思古之聖賢，與我同為丈夫，彼何以百世可師？我何以一身瓦裂？耽染塵情，私行不義，謂人不知，傲然無愧，將日淪於禽獸而不自知矣；世之可羞可恥者，莫大乎此。孟子曰：恥之於人大矣。以其得之則聖賢，失之則禽獸耳。此改過之要機也。

第二，要發畏心。天地在上，鬼神難欺，吾雖過在隱微，而天地鬼神，實鑒臨之，重則降之百殃，輕則損其現福，吾何可以不懼。不惟是也。閑居之地，指視昭然，吾雖掩之甚密，文之甚巧，而肺肝早露，終難自欺，被人覷破，不值一文矣，烏得不懍懍？不惟是也。一息尚存，彌天之惡，猶可悔改；古人有一生作惡，臨死悔悟，發一善念，遂得善終者，謂一念猛厲，足以滌百年之惡也。譬如千年幽谷，一燈才照，則千年之暗俱除。故過不論久近，惟以改為貴。但塵世無常，肉身易殞，一息不屬，欲改無由矣。明則千百年擔負惡名，雖孝子慈孫，不能洗滌；幽則千百劫沉淪獄報，雖聖賢佛菩薩，不能援引。烏得不畏？

第三，須發勇心。人不改過，多是因循退縮，吾須奮然振作，不用遲疑，不煩等待。小者如芒刺在肉，速與抉剔；大者如毒蛇嚙指，速與斬除，無絲毫凝滯，此風雷之所以為益也。

具是三心，則有過斯改，如春冰遇日，何患不消乎？然人之過，有從事上改者，有從理上改者，有從心上改者；工夫不同，效驗亦異。

如前日殺生，今戒不殺；前日怒詈，今戒不怒；此就其事而改之者也。強制於外，其難百倍，且病根終在，東滅西生，非究竟廓然之道也。

善改過者，未禁其事，先明其理；如過在殺生，即思曰：上帝好生，物皆戀命，殺彼養己，豈能自安？且彼之殺也，既受屠割，復入鼎鑊，種種痛苦，徹入骨髓；己之養也，珍膏羅列，食過即空，蔬食菜羹，盡可充腹，何必戕彼之生，損己之福哉？又思血氣之屬，皆含靈知，既有靈知，皆我一體；縱不能躬修至德，使之尊我親我，豈可日戕物命，使之仇我憾我於無窮也？一思及此，將有對食傷心，不能下嚥者矣。

如前日好怒，必思曰：人有不及，情所宜矜；悖理相乾，於我何與？本無可怒者。又思天下無自是之豪傑，亦無尤人之學問；行有不得，皆己之德未修，感未至也。吾悉以自反，則謗毀之來，皆磨練玉成之地，我將歡然受賜，何怒之有？

又聞謗而不怒，雖讒焰薰天，如舉火焚空，終將自息；聞謗而怒，雖巧心力辯，如春蠶作繭，自取纏綿；怒不惟無益，且有害也。其餘種種過惡，皆當據理思之。

此理既明，過將自止。

何謂從心而改？過有千端，惟心所造。吾心不動，過安從生？學者於好色、好名、好貨、好怒，種種諸過，不必逐類尋求。但當一心為善，正念現前，邪念自然汙染不上。如太陽當空，魍魎潛消，此精一之真傳也。過由心造，亦由心改，如斬毒樹，直斷其根，奚必枝枝而伐，葉葉而摘哉？

大抵最上治心，當下清淨；纔動即覺，覺之即無；苟未能然，須明理以遣之；又未能然，須隨事以禁之；以上事而兼行下功，未為失策。執下而昧上，則拙矣。

故發願改過，明須良朋提醒，幽須鬼神證明；一心懺悔，晝夜不懈，經一七、二七，以至一月、二月、三月，必有效驗。

或覺心神恬曠，或覺智慧頓開，或處冗沓而觸念皆通，或遇怨仇而回嗔作喜，或夢吐黑物，或夢往聖先賢提攜接引，或夢飛步太虛，或夢幢幡寶蓋，種種勝事，皆過消罪滅之象也。然不得執此自高，畫而不進。

昔蘧伯玉當二十歲時，已覺前日之非而盡改之矣。至二十一歲，乃知前之所改未盡也；及二十二歲，回視二十一歲，猶在夢中，歲復一歲，遞遞改之，行年五十，而猶知四十九年之非，古人改過之學如此。

吾輩身為凡流，過惡猬集，而回思往事，常若不見其有過者，心粗而眼翳也。然人之過惡深重者，亦有效驗：或心神昏塞，轉頭即忘；或無事而常煩惱；或見君子而赧然消沮；或聞正論而不樂；或施惠而人反怨；或夜夢顛倒，甚則妄言失志，皆作孽之相也，苟一類此，即須奮發，舍舊圖新，幸勿自誤。

第三篇　積善之方

易曰：「積善之家，必有餘慶。」昔顏氏將以女妻叔梁紇，而歷敘其祖宗積德之長，逆知其子孫必有興者。孔子稱舜之大孝，曰：「宗廟饗之，子孫保之。」皆至論也，試以往事徵之。

楊少師榮，建寧人。世以濟渡維生，久雨溪漲，橫流沖毀民居，溺死者順流而下，他舟皆撈取貨物，獨少師曾祖及祖惟救人，而貨物一無所取，鄉人嗤其愚。逮少師父生，家漸裕，有神人化為道者，語之曰：「汝祖父有陰功，子孫當貴顯，宜葬某地。」遂依其所指而窆之，即今白兔墳也。後生少師，弱冠登第，位至三公，加曾祖、祖、父，如其官。子孫貴盛，至今尚多賢者。

鄞人楊自懲，初為縣吏，存心仁厚，守法公平。時縣宰嚴肅，偶撻一囚，血流滿前，而怒猶未息，楊跪而寬解之。宰曰：「怎奈此人越法悖理，不由人不怒。」自懲叩首曰：「上失其道，民散久矣，如得其情，哀矜勿喜；喜且不可，而況怒乎？」宰為之霽顏。

家甚貧，饋遺一無所取，遇囚人乏糧，常多方以濟之。一日，有新囚數人待哺，家又缺米，給囚則家人無食，自顧則囚人堪憫，與其婦商之。

婦曰：「囚從何來？」

曰：「自杭而來。沿路忍饑，菜色可掬。」

因撤己之米，煮粥以食囚。後生二子，長曰守陳，次曰守址，為南北吏部侍郎，長孫為刑部侍郎，次孫為四川廉憲，又俱為名臣；今楚亭德政，亦其裔也。

昔正統間，鄧茂七倡亂於福建，士民從賊者甚眾，朝廷起鄞縣張都憲楷南征，以計擒賊，後委布政司謝都事，搜殺東路賊黨。謝求賊中黨附冊籍，凡不附賊者，密授以白布小旗，約兵至日，插旗門首，戒軍兵無妄殺，全活萬人。後謝之子遷，中狀元，為宰輔；孫丕，復中探花。

莆田林氏，先世有老母好善，常作粉團施人，求取即與之，無倦色。一仙化為道人，每旦索食六七團，母日日與之，終三年如一日，乃知其誠也。因謂之曰：「吾食汝三年粉團，何以報汝？府後有一地，葬之，子孫官爵，有一升麻子之數。」其子依所點葬之，初世即有九人登第，累代簪纓甚盛，福建有無林不開榜之謠。

馮琢庵太史之父，為邑庠生。隆冬早起赴學，路遇一人，倒臥雪中，捫之，半僵矣。遂解己綿裘衣之，且扶歸救甦。夢神告之曰：「汝救人一命，出至誠心，吾遣韓琦為汝子。」及生琢庵，遂名琦。

台州應尚書，壯年習業於山中。夜鬼嘯集，往往驚人，公不懼也。一夕聞鬼云：「某婦以夫久客不歸，翁姑逼其嫁人。明夜當縊死於此，吾得代矣。」公潛賣田，得銀四兩，即偽作其夫之書，寄銀還家。其父母見書，以手跡不類，疑之。既而曰：「書可假，銀不可假，想兒無恙。」婦遂不嫁。其子後歸，夫婦相保如初。

公又聞鬼語曰：「我當得代，奈此秀才壞吾事。」

旁一鬼曰：「爾何不禍之？」

曰：「上帝以此人心好，命作陰德尚書矣，吾何得而禍之？」

應公因此益自努力，善日加修，德日加厚；遇歲饑，輒捐穀以賑之；遇親戚有急，輒委曲維持；遇有橫逆，輒返躬自責，怡然順受；子孫登科第者，今累累也。

常熟徐鳳竹栻，其父素富，偶遇年荒，先捐租以為同邑之倡，又分穀以賑貧乏。夜聞鬼唱於門曰：「千不誆，萬不誆，徐家秀才，做到了舉人郎。」相續而呼，連夜不斷。是歲，鳳竹果舉於鄉，其父因而益積德，孳孳不怠，修橋修路，齋僧接眾，凡有利益，無不盡心。後又聞鬼唱於門曰：「千不誆，萬不誆，徐家舉人，直做到都堂。」鳳竹官終兩浙巡撫。

嘉興屠康僖公，初為刑部主事，宿獄中，細詢諸囚情狀，得無辜者若乾人，公不自以為功，密疏其事，以白堂官。後朝審，堂官摘其語，以訊諸囚，無不服者，釋冤抑十餘人。一時輦下咸頌尚書之明。

公復稟曰：「輦轂之下，尚多冤民，四海之廣，兆民之眾，豈無枉者？宜五年差一減刑官，核實而平反之。」

尚書為奏，允其議。時公亦差減刑之列，夢一神告之曰：「汝命無子，今減刑之議，深合天心，上帝賜汝三子，皆衣紫腰金。」是夕夫人有娠，後生應塤，應坤，應埈，皆顯官。

嘉興包憑，字信之，其父為池陽太守，生七子，憑最少，贅平湖袁氏，與吾父往來甚厚，博學高才，累舉不第，留心二氏之學。一日東遊泖湖，偶至一村寺中，見觀音像，淋漓露立，即解橐中得十金，授主僧，令修屋宇，僧告以功大銀少，不能竣事；復取松布四疋，檢篋中衣七件與之，內紵褶，係新置，其僕請已之。

憑曰：「但得聖像無恙，吾雖裸裎何傷？」

僧垂淚曰：「舍銀及衣布，猶非難事。只此一點心，如何易得。」

後功完，拉老父同遊，宿寺中。公夢伽藍來謝曰：「汝子當享世祿矣。」後子汴，孫檉芳，皆登第，作顯官。

嘉善支立之父，為刑房吏，有囚無辜陷重辟，意哀之，欲求其生。囚語其妻曰：「支公嘉意，愧無以報，明日延之下鄉，汝以身事之，彼或肯用意，則我可生也。」其妻泣而聽命。及至，妻自出勸酒，具告以夫意。支不聽，卒為盡力平反之。囚出獄，夫妻登門叩謝曰：「公如此厚德，晚世所稀，今無子，吾有弱女，送為箕帚妾，此則禮之可通者。」支為備禮而納之，生立，弱冠中魁，官至翰林孔目。立生高，高生祿，皆貢，為學博。祿生大綸，登第。

凡此十條，所行不同，同歸於善而已。若復精而言之，則善有真，有假；有端，有曲；有陰，有陽；有是，有非；有偏，有正；有半，有滿；有大，有小；有難，有易；皆當深辨。為善而不窮理，則自謂行持，豈知造孽，枉費苦心，無益也。

何謂真假？昔有儒生數輩，謁中峰和尚，問曰：「佛氏論善惡報應，如影隨形。今某人善，而子孫不興；某人惡，而家門隆盛；佛說無稽矣。」

中峰云：「凡情未滌，正眼未開，認善為惡，指惡為善，往往有之。不憾己之是非顛倒，而反怨天之報應有差乎？」

眾曰：「善惡何致相反？」

中峰令試言其狀。

一人謂：「詈人毆人是惡，敬人禮人是善。」

中峰云：「未必然也。」

一人謂：「貪財妄取是惡，廉潔有守是善。」

中峰云：「未必然也。」

眾人歷言其狀，中峰皆謂不然。因請問。

中峰告之曰：「有益於人，是善；有益於己，是惡。有益於人，則毆人詈人皆善也；有益於己，則敬人禮人皆惡也。是故人之行善，利人者公，公則為真；利己者私，私則為假。又根心者真，襲跡者假；又無為而為者真，有為而為者假；皆當自考。」

何謂端曲？今人見謹願之士，類稱為善而取之，聖人則寧取狂狷。至於謹願之士，雖一鄉皆好，而必以為德之賊，是世人之善惡，分明與聖人相反。推此一端，種種取舍，無有不謬；天地鬼神之福善禍淫，皆與聖人同是非，而不與世俗同取舍。凡欲積善，絕不可徇耳目，惟從心源隱微處，默默洗滌。純是濟世之心，則為端；苟有一毫媚世之心，即為曲；純是愛人之心，則為端；有一毫憤世之心，即為曲；純是敬人之心，則為端；有一毫玩世之心，即為曲；皆當細辨。

何謂陰陽？凡為善而人知之，則為陽善；為善而人不知，則為陰德。陰德，天報之；陽善，享世名。名，亦福也。名者，造物所忌；世之享盛名而實不副者，多有奇禍；人之無過咎而橫被惡名者，子孫往往驟發，陰陽之際微矣哉。

何謂是非？魯國之法，魯人有贖人臣妾於諸侯，皆受金於府，子貢贖人而不受金。孔子聞而惡之曰：「賜失之矣。夫聖人舉事，可以移風易俗，而教道可施於百姓，非獨適己之行也。今魯國富者寡而貧者眾，受金則為不廉，何以相贖乎？自今以後，不復贖人於諸侯矣。」

子路拯人於溺，其人謝之以牛，子路受之。孔子喜曰：「自今魯國多拯人於溺矣。」自俗眼觀之，子貢不受金為優，子路之受牛為劣；孔子則取由而黜賜焉。乃知人之為善，不論現行而論流弊；不論一時而論久遠；不論一身而論天下。現行雖善，而其流足以害人，則似善而實非也；現行雖不善，而其流足以濟人，則非善而實是也。然此就一節論之耳。他如非義之義，非禮之禮，非信之信，非慈之慈，皆當決擇。

何謂偏正？昔呂文懿公，初辭相位，歸故里，海內仰之，如泰山北斗。有一鄉人，醉而詈之，呂公不動，謂其僕曰：「醉者勿與較也。」閉門謝之。逾年，其人犯死刑入獄。呂公始悔之曰：「使當時稍與計較，送公家責治，可以小懲而大戒；吾當時只欲存心於厚，不謂養成其惡，以至於此。」此以善心而行惡事者也。

又有以惡心而行善事者。如某家大富，值歲荒，窮民白晝搶粟於市；告之縣，縣不理，窮民愈肆，遂私執而困辱之，眾始定；不然，幾亂矣。故善者為正，惡者為偏，人皆知之；其以善心行惡事者，正中偏也；以惡心而行善事者，偏中正也；不可不知也。

何謂半滿？易曰：「善不積，不足以成名；惡不積，不足以滅身。」書曰：「商罪貫盈。」如貯物於器，勤而積之，則滿；懈而不積，則不滿。此一說也。

昔有某氏女入寺，欲施而無財，止有錢二文，捐而與之，主席者親為懺悔；及後入宮富貴，攜數千金入寺舍之，主僧惟令其徒迴向而已。

因問曰：「吾前施錢二文，師親為懺悔，今施數千金，而師不迴向，何也？」

曰：「前者物雖薄，而施心甚真，非老僧親懺，不足報德；今物雖厚，而施心不若前日之切，令人代懺足矣。」此千金為半，而二文為滿也。

鍾離授丹於呂祖，點鐵為金，可以濟世。

呂問曰：「終變否？」

曰：「五百年後，當復本質。」

呂曰：「如此則害五百年後人矣，吾不願為也。」

曰：「修仙要積三千功行，汝此一言，三千功行已滿矣。」

此又一說也。

又為善而心不著善，則隨所成就，皆得圓滿。心著於善，雖終生勤勵，止於半善而已。譬如以財濟人，內不見己，外不見人，中不見所施之物，是謂三輪體空。是謂一心清淨，則斗粟可以種無涯之福，一文可以消千劫之罪。倘此心未忘，雖黃金萬鎰，福不滿也。此又一說也。

何謂大小？昔衛仲達為館職，被攝至冥司，主者命吏呈善惡二錄。比至，則惡錄盈庭，其善錄一軸，僅如箸而已。索秤稱之，則盈庭者反輕，而如箸者反重。

仲達曰：「某年未四十，安得過惡如是多乎？」

曰：「一念不正即是，不待犯也。」

因問軸中所書何事？

曰：「朝廷嘗興大工，修三山石橋，君上疏諫之，此疏稿也。」

仲達曰：「某雖言，朝廷不從，於事無補，而能有如是之力。」

曰：「朝廷雖不從，君之一念，已在萬民；向使聽從，善力更大矣。」

故志在天下國家，則善雖少而大；苟在一身，雖多亦小。

何謂難易？先儒謂克己須從難克處克將去。夫子論為仁，亦曰先難。必如江西舒翁，舍二年僅得之束脩，代償官銀，而全人夫婦；與邯鄲張翁，舍十年所積之錢，代完贖銀，而活人妻子，皆所謂難捨處能舍也。如鎮江靳翁，雖年老無子，不忍以幼女為妾，而還之鄰，此難忍處能忍也；故天降之福亦厚。凡有財有勢者，其立德皆易，易而不為，是為自暴。貧賤作福皆難，難而能為，斯可貴耳。

隨緣濟眾，其類至繁，約言其綱，大約有十：第一，與人為善；第二，愛敬存心；第三，成人之美；第四，勸人為善；第五，救人危急；第六，興建大利；第七，舍財作福；第八，護持正法；第九，敬重尊長；第十，愛惜物命。

何謂與人為善？昔舜在雷澤，見漁者皆取深潭厚澤，而老弱則漁於急流淺灘之中，惻然哀之，往而漁焉；見爭者皆匿其過而不談，見有讓者，則揄揚而取法之。期年，皆以深潭厚澤相讓矣。夫以舜之明哲，豈不能出一言教眾人哉？乃不以言教而以身轉之，此良工苦心也。

吾輩處末世，勿以己之長而蓋人；勿以己之善而形人；勿以己之多能而困人。收斂才智，若無若虛；見人過失，且涵容而掩覆之。一則令其可改，一則令其有所顧忌而不敢縱，見人有微長可取，小善可錄，幡然捨己而從之，且為艷稱而廣述之。凡日用間，發一言，行一事，全不為自己起念，全是為物立則，此大人天下為公之度也。

何謂愛敬存心？君子與小人，就形跡觀，常易相混，惟一點存心處，則善惡懸絕，判然如黑白之相反。故曰：君子所以異於人者，以其存心也。君子所存之心，只是愛人敬人之心。蓋人有親疏貴賤，有智愚賢不肖；萬品不齊，皆吾同胞，皆吾一體，孰非當敬愛者？愛敬眾人，即是愛敬聖賢；能通眾人之志，即是通聖賢之志。何者？聖賢之志，本欲斯世斯人，各得其所。吾合愛合敬，而安一世之人，即是為聖賢而安之也。

何謂成人之美？玉之在石，抵擲則瓦礫，追琢則圭璋；故凡見人行一善事，或其人志可取而資可進，皆須誘掖而成就之，或為之獎借，或為之維持，或為白其誣而分其謗，務使之成立而後已。

大抵人各惡其非類，鄉人之善者少，不善者多。善人在俗，亦難自立。且豪傑錚錚，不甚修形跡，多易指摘，故善事常易敗，而善人常得謗；惟仁人長者，匡直而輔翼之，其功德最宏。

何謂勸人為善？生為人類，孰無良心？世路役役，最易沒溺。凡與人相處，當方便提撕，開其迷惑。譬猶長夜大夢，而令之一覺；譬猶久陷煩惱，而拔之清涼，為惠最溥。韓愈云：「一時勸人以口，百世勸人以書。」較之與人為善，雖有形跡，然對證發藥，時有奇效，不可廢也；失言失人，當反吾智。

何謂救人危急？患難顛沛，人所時有。偶一遇之，當如痌瘝之在身，速為解救，或以一言伸其屈抑，或以多方濟其顛連。崔子曰：「惠不在大，赴人之急可也。」蓋仁人之言哉。

何謂興建大利？小而一鄉之內，大而一邑之中，凡有利益，最宜興建，或開渠導水；或築堤防患；或修橋樑，以便行旅；或施茶飯，以濟饑渴；隨緣勸導，協力興修，勿避嫌疑，勿辭勞怨。

何謂舍財作福？釋門萬行，以布施為先。所謂布施者，只是舍之一字耳。達者內舍六根，外舍六塵，一切所有，無不舍者。苟非能然，先從財上布施，世人以衣食為命，故財為最重，吾從而舍之。內以破吾之慳，外以濟人之急，始而勉強，終則泰然，最可以蕩滌私情，祛除執吝。

何謂護持正法？法者，萬世生靈之眼目也。不有正法，何以參贊天地？何以裁成萬物？何以脫塵離縛？何以經世出世？故凡見聖賢廟貌、經書典籍，皆當敬重而修飭之。至於舉揚正法，上報佛恩，尤當勉勵。

何謂敬重尊長？家之父兄，國之君長，與凡年高、德高、位高、識高者，皆當加意奉事。

在家而奉侍父母，使深愛婉容，柔聲下氣，習以成性，便是和氣格天之本。出而事君，行一事，毋謂君不知而自恣也；刑一人，毋謂君不知而作威也。事君如天，古人格論，此等處最關陰德。試看忠孝之家，子孫未有不綿遠而昌盛者，切須慎之。

何謂愛惜物命？凡人之所以為人者，惟此惻隱之心而已，求仁者求此，積德者積此。周禮「孟春之月，犧牲毋用牝」，孟子謂君子遠庖廚，所以全吾惻隱之心也。故前輩有四不食之戒，謂聞殺不食、見殺不食、自養者不食、專為我殺者不食。學者未能斷肉，且當從此戒之。

漸漸增進，慈心愈長，不特殺生當戒，蠢動含靈，皆為物命。求絲煮繭，鋤地殺蟲，念衣食之由來，皆殺彼以自活。故暴殄之孽，當與殺生等。至於手所誤傷、足所誤踐者，不知其幾，皆當委曲防之。古詩云：「為鼠常留飯，憐蛾不點燈。」何其仁也！

善行無窮，不能殫述；由此十事而推廣之，則萬德可備矣。

第四篇　謙德之效

易曰：「天道虧盈而益謙，地道變盈而流謙，鬼神害盈而福謙，人道惡盈而好謙。」是故謙之一卦，六爻皆吉。書曰：「滿招損，謙受益。」予屢同諸公應試，每見寒士將達，必有一段謙光可掬。

辛未(西元一五七一年)計偕，我嘉善同袍凡十人，惟丁敬宇賓，年最少，極其謙虛。予告費錦坡曰：「此兄今年必第。」

費曰：「何以見之？」

予曰：「惟謙受福。兄看十人中，有恂恂款款，不敢先人，如敬宇者乎？有恭敬順承，小心謙畏，如敬宇者乎？有受侮不答，聞謗不辯，如敬宇者乎？人能如此，即天地鬼神，猶將佑之，豈有不發者？」

及開榜，丁果中式。

丁丑(西元一五七七年)在京，與馮開之同處，見其虛己斂容，大變其幼年之習。李霽巖直諒益友，時面攻其非，但見其平懷順受，未嘗有一言相報。予告之曰：「福有福始，禍有禍先，此心果謙，天必相之，兄今年決第矣。」已而果然。

趙裕峰，光遠，山東冠縣人，童年舉於鄉，久不第。其父為嘉善三尹，隨之任，慕錢明吾，而執文見之。明吾悉抹其文，趙不惟不怒，且心服而速改焉。明年，遂登第。

壬辰歲(西元一五九二年)，予入覲，晤夏建所，見其人氣虛意下，謙光逼人，歸而告友人曰：「凡天將發斯人也，未發其福，先發其慧；此慧一發，則浮者自實，肆者自斂；建所溫良若此，天啟之矣。」及開榜，果中式。

江陰張畏巖，積學工文，有聲藝林。甲午(西元一五九四年)，南京鄉試，寓一寺中，揭曉無名，大罵試官，以為眯目。時有一道者，在旁微笑，張遽移怒道者。道者曰：「相公文必不佳。」

張益怒曰：「汝不見我文，烏知不佳？」

道者曰：「聞作文，貴心氣和平，今聽公罵詈，不平甚矣，文安得工？」

張不覺屈服，因就而請教焉。

道者曰：「中全要命，命不該中，文雖工，無益也。須自己做個轉變。」

張曰：「既是命，如何轉變？」

道者曰：「造命者天，立命者我；力行善事，廣積陰德，何福不可求哉？」

張曰：「我貧士，何能為？」

道者曰：「善事陰功，皆由心造，常存此心，功德無量，且如謙虛一節，並不費錢，你如何不自反而罵試官乎？」

張由此折節自持，善日加修，德日加厚。丁酉(西元一五九七年)，夢至一高房，得試錄一冊，中多缺行。問旁人，曰：「此今科試錄。」

問：「何多缺名？」

曰：「科第陰間三年一考較，須積德無咎者，方有名。如前所缺，皆系舊該中式，因新有薄行而去之者也。」

後指一行云：「汝三年來，持身頗慎，或當補此，幸自愛。」是科果中一百五名。

由此觀之，舉頭三尺，決有神明；趨吉避凶，斷然由我。須使我存心制行，毫不得罪於天地鬼神，而虛心屈己，使天地鬼神，時時憐我，方有受福之基。彼氣盈者，必非遠器，縱發亦無受用。稍有識見之士，必不忍自狹其量，而自拒其福也，況謙則受教有地，而取善無窮，尤修業者所必不可少者也。

古語云：「有志於功名者，必得功名；有志於富貴者，必得富貴。」人之有志，如樹之有根，立定此志，須念念謙虛，塵塵方便，自然感動天地，而造福由我。今之求登科第者，初未嘗有真志，不過一時意興耳；興到則求，興闌則止。

孟子曰：「王之好樂甚，齊其庶幾乎？」予於科名亦然。

《了凡四訓》序文

印光祖師撰

聖賢之道，唯誠與明。聖狂之分，在乎一念。聖罔念則作狂，狂克念則作聖。其操縱得失之象，喻如逆水行舟，不進則退。不可不勉力操持，而稍生縱任也。須知誠之一字，乃聖凡同具，一如不二之真心。明之一字，乃存養省察，從凡至聖之達道。然在凡夫地，日用之間，萬境交集。一不覺察，難免種種違理情想，瞥爾而生。此想既生，則真心遂受錮蔽。而凡所作為，咸失其中正矣。若不加一番切實工夫，克除淨盡，則愈趨愈下，莫知底極。徒具作聖之心，永淪下愚之隊。可不哀哉。

然作聖不難，在自明其明德。欲明其明德，須從格物致知下手。倘人欲之物，不能極力格除，則本有真知，決難徹底顯現。欲令真知顯現，當於日用云為，常起覺照，不使一切違理情想，暫萌於心。常使其心，虛明洞澈，如鏡當台，隨境映現。但照前境，不隨境轉，妍媸自彼，於我何干？來不預計，去不留戀。若或違理情想，稍有萌動，即當嚴以攻治，剿除令盡。如與賊軍對敵，不但不使侵我封疆，尚須斬將搴旗，剿滅餘黨。其治軍之法，必須嚴以自治，毋怠毋荒。

克己復禮，主敬存誠，其器仗須用顏子之四勿，曾子之三省，蘧伯玉之寡過知非。加以戰戰兢兢，如臨深淵，如履薄冰，與之相對，則軍威遠振，賊黨寒心，懼罹滅種之極戮，冀沾安撫之洪恩。從茲相率投降，歸順至化。盡革先心，聿修厥德。將不出戶，兵不血刃。舉寇仇皆為赤子，即叛逆悉作良民。上行下效，率土清寧，不動干戈，坐致太平矣。

如上所說，則由格物而致知，由致知而克明明德。誠明一致，即凡成聖矣。其或根器陋劣，未能收效。當效趙閱道日之所為，夜必焚香告帝，不敢告者，即不敢為。袁了凡諸惡莫作，眾善奉行，命自我立，福自我求，俾造物不能獨擅其權。受持功過格，凡舉心動念，及所言所行，善惡纖悉皆記，以期善日增而惡日減。初則善惡參雜，久則唯善無惡，故能轉無福為有福，轉不壽為長壽，轉無子孫為多子孫。現生優入聖賢之域，報盡高登極樂之鄉。行為世則，言為世法。彼既丈夫我亦爾，何可自輕而退屈。

或問，格物乃窮盡天下事物之理，致知乃推極吾之知識，必使一一曉了也。何得以人欲為物，真知為知，克治顯現為格致乎？

答曰，誠與明德，皆約自心之本體而言。名雖有二，體本唯一也。知與意心，兼約自心之體用而言，實則即三而一也。格致誠正明五者，皆約閑邪存誠、返妄歸真而言。其檢點省察造詣工夫，明為總綱，格致誠正乃別目耳。修身正心誠意致知，皆所以明明德也。倘自心本有之真知為物欲所蔽，則意不誠而心不正矣。若能格而除之，則是「慧風掃蕩障雲盡，心月孤圓朗中天」矣。此聖人示人從泛至切、從疏至親之決定次序也。若窮盡天下事物之理，俾吾心知識悉皆明瞭方能誠意者，則唯博覽群書遍遊天下之人，方能誠意正心以明其明德。未能博覽閱歷者，縱有純厚天姿，於誠意正心皆無其分，況其下焉者哉。有是理乎？

然不深窮理之士，與無知無識之人，若聞理性，多皆高推聖境，自處凡愚，不肯奮發勉勵，遵循從事。若告以過去現在未來三世因果，或善或惡，各有其報，則必畏惡果而斷惡因，修善因而冀善果。善惡不出身口意三。既知因果，自可防護身口，洗心滌慮。雖在暗室屋漏之中，常如面對帝天，不敢稍萌匪鄙之心，以自乾罪戾也已。此大覺世尊普令一切上中下根，致知誠意正心修身之大法也。然狂者畏其拘束，謂為著相。愚者防己愧怍，謂為渺茫。

除此二種人，有誰不信受。故夢東云：善談心性者，必不棄離於因果；而深信因果者，終必大明夫心性。此理勢所必然也。須知從凡夫地乃至圓證佛果，悉不出因果之外。有不信因果者，皆自棄其善因善果，而常造惡因，常受惡果，經塵點劫，輪轉惡道，末由出離之流也。哀哉！

聖賢千言萬語，無非欲人反省克念，俾吾心本具之明德，不致埋沒，親得受用耳。但人由不知因果，每每肆意縱情。縱畢生讀之，亦只學其詞章，不以希聖希賢為事，因茲當面錯過。袁了凡先生訓子四篇，文理俱暢，豁人心目，讀之自有欣欣向榮、亟欲取法之勢，洵淑世良謨也。永嘉周群錚居士，發願流通，祈予為序。因撮取聖賢克己復禮閑邪存誠之意，以塞其責云。

聖賢之道，唯誠與明。聖狂之分，在乎一念。聖罔念則作狂，狂克念則作聖。其操縱得失之象，喻如逆水行舟，不進則退。不可不勉力操持，而稍生縱任也。須知誠之一字，乃聖凡同具，一如不二之真心。明之一字，乃存養省察，從凡至聖之達道。然在凡夫地，日用之間，萬境交集。一不覺察，難免種種違理情想，瞥爾而生。此想既生，則真心遂受錮蔽。而凡所作為，咸失其中正矣。若不加一番切實工夫，克除淨盡，則愈趨愈下，莫知底極。徒具作聖之心，永淪下愚之隊。可不哀哉。

然作聖不難，在自明其明德。欲明其明德，須從格物致知下手。倘人欲之物，不能極力格除，則本有真知，絕難徹底顯現。欲令真知顯現，當於日用云為，常起覺照，不使一切違理情想，暫萌於心。常使其心，虛明洞澈，如鏡當台，隨境映現。但照前境，不隨境轉，妍媸自彼，於我何干？來不預計，去不留戀。若或違理情想，稍有萌動，即當嚴以攻治，剿除令盡。如與賊軍對敵，不但不使侵我封疆，尚須斬將搴旗，剿滅余黨。其治軍之法，必須嚴以自治，毋怠毋荒。克己復禮，主敬存誠，其器仗須用顏子之四勿，曾子之三省，蘧伯玉之寡過知非。加以戰戰兢兢，如臨深淵，如履薄冰，與之相對，則軍威遠振，賊黨寒心，懼罹滅種之極戮，冀沾安撫之洪恩。從茲相率投降，歸順至化。盡革先心，聿修厥德。將不出戶，兵不血刃。舉寇仇皆為赤子，即叛逆悉作良民。上行下效，率土清寧，不動干戈，坐致太平矣。

如上所說，則由格物而致知，由致知而克明明德。誠明一致，即凡成聖矣。其或根器陋劣，未能收效。當效趙閱道日之所為，夜必焚香告帝，不敢告者，即不敢為。袁了凡諸惡莫作，眾善奉行，命自我立，福自我求，俾造物不能獨擅其權。受持功過格，凡舉心動念，及所言所行，善惡纖悉皆記，以期善日增而惡日減。初則善惡參雜，久則唯善無惡，故能轉無福為有福，轉不壽為長壽，轉無子孫為多子孫。現生優入聖賢之域，報盡高登極樂之鄉。行為世則，言為世法。彼既丈夫我亦爾，何可自輕而退屈。

或問，格物乃窮盡天下事物之理，致知乃推極吾之知識，必使一一曉了也。何得以人欲為物，真知為知，克治顯現為格致乎？

答曰，誠與明德，皆約自心之本體而言。名雖有二，體本唯一也。知與意心，兼約自心之體用而言，實則即三而一也。格致誠正明五者，皆約閑邪存誠、返妄歸真而言。其檢點省察造詣工夫，明為總綱，格致誠正乃別目耳。修身正心誠意致知，皆所以明明德也。倘自心本有之真知為物欲所蔽，則意不誠而心不正矣。若能格而除之，則是「慧風掃蕩障雲盡，心月孤圓朗中天」矣。此聖人示人從泛至切、從疏至親之決定次序也。若窮盡天下事物之理，俾吾心知識悉皆明瞭方能誠意者，則唯博覽群書遍遊天下之人，方能誠意正心以明其明德。未能博覽閱歷者，縱有純厚天姿，於誠意正心皆無其分，況其下焉者哉。有是理乎？

然不深窮理之士，與無知無識之人，若聞理性，多皆高推聖境，自處凡愚，不肯奮發勉勵，遵循從事。若告以過去現在未來三世因果，或善或惡，各有其報，則必畏惡果而斷惡因，修善因而冀善果。善惡不出身口意三。既知因果，自可防護身口，洗心滌慮。雖在暗室屋漏之中，常如面對帝天，不敢稍萌匪鄙之心，以自干罪戾也已。此大覺世尊普令一切上中下根，致知誠意正心修身之大法也。然狂者畏其拘束，謂為著相。愚者防己愧怍，為謂渺茫。除此二種人，有誰不信受。故夢東云：善談心性者，必不棄離於因果；而深信因果者，終必大明夫心性。此理勢所必然也。須知從凡夫地乃至圓證佛果，悉不出因果之外。有不信因果者，皆自棄其善因善果，而常造惡因，常受惡果，經塵點劫，輪轉惡道，末由出離之流也。哀哉！

聖賢千言萬語，無非欲人返省克念，俾吾心本具之明德，不致埋沒，親得受用耳。但人由不知因果，每每肆意縱情。縱畢生讀之，亦只學其詞章，不以希聖希賢為事，因茲當面錯過。袁了凡先生訓子四篇，文理俱暢，豁人心目，讀之自有欣欣向榮、亟欲取法之勢，洵淑世良謨也。永嘉周群錚居士，發願流通，祈予為序。因撮取聖賢克己復禮閑邪存誠之意，以塞其責云。

聖賢之道，唯誠與明。聖狂之分，在乎一念。聖罔念則作狂，狂克念則作聖。其操縱得失之象，喻如逆水行舟，不進則退。不可不勉力操持，而稍生縱任也。須知誠之一字，乃聖凡同具，一如不二之真心。明之一字，乃存養省察，從凡至聖之達道。然在凡夫地，日用之間，萬境交集。一不覺察，難免種種違理情想，瞥爾而生。此想既生，則真心遂受錮蔽。而凡所作為，咸失其中正矣。若不加一番切實工夫，克除淨盡，則愈趨愈下，莫知底極。徒具作聖之心，永淪下愚之隊。可不哀哉。

然作聖不難，在自明其明德。欲明其明德，須從格物致知下手。倘人欲之物，不能極力格除，則本有真知，絕難徹底顯現。欲令真知顯現，當於日用云為，常起覺照，不使一切違理情想，暫萌於心。常使其心，虛明洞澈，如鏡當台，隨境映現。但照前境，不隨境轉，妍媸自彼，於我何干？來不預計，去不留戀。若或違理情想，稍有萌動，即當嚴以攻治，剿除令盡。如與賊軍對敵，不但不使侵我封疆，尚須斬將搴旗，剿滅余黨。其治軍之法，必須嚴以自治，毋怠毋荒。克己復禮，主敬存誠，其器仗須用顏子之四勿，曾子之三省，蘧伯玉之寡過知非。加以戰戰兢兢，如臨深淵，如履薄冰，與之相對，則軍威遠振，賊黨寒心，懼罹滅種之極戮，冀沾安撫之洪恩。從茲相率投降，歸順至化。盡革先心，聿修厥德。將不出戶，兵不血刃。舉寇仇皆為赤子，即叛逆悉作良民。上行下效，率土清寧，不動干戈，坐致太平矣。

如上所說，則由格物而致知，由致知而克明明德。誠明一致，即凡成聖矣。其或根器陋劣，未能收效。當效趙閱道日之所為，夜必焚香告帝，不敢告者，即不敢為。袁了凡諸惡莫作，眾善奉行，命自我立，福自我求，俾造物不能獨擅其權。受持功過格，凡舉心動念，及所言所行，善惡纖悉皆記，以期善日增而惡日減。初則善惡參雜，久則唯善無惡，故能轉無福為有福，轉不壽為長壽，轉無子孫為多子孫。現生優入聖賢之域，報盡高登極樂之鄉。行為世則，言為世法。彼既丈夫我亦爾，何可自輕而退屈。

或問，格物乃窮盡天下事物之理，致知乃推極吾之知識，必使一一曉了也。何得以人欲為物，真知為知，克治顯現為格致乎？

答曰，誠與明德，皆約自心之本體而言。名雖有二，體本唯一也。知與意心，兼約自心之體用而言，實則即三而一也。格致誠正明五者，皆約閑邪存誠、返妄歸真而言。其檢點省察造詣工夫，明為總綱，格致誠正乃別目耳。修身正心誠意致知，皆所以明明德也。倘自心本有之真知為物欲所蔽，則意不誠而心不正矣。若能格而除之，則是「慧風掃蕩障雲盡，心月孤圓朗中天」矣。此聖人示人從泛至切、從疏至親之決定次序也。若窮盡天下事物之理，俾吾心知識悉皆明瞭方能誠意者，則唯博覽群書遍遊天下之人，方能誠意正心以明其明德。未能博覽閱歷者，縱有純厚天姿，於誠意正心皆無其分，況其下焉者哉。有是理乎？

然不深窮理之士，與無知無識之人，若聞理性，多皆高推聖境，自處凡愚，不肯奮發勉勵，遵循從事。若告以過去現在未來三世因果，或善或惡，各有其報，則必畏惡果而斷惡因，修善因而冀善果。善惡不出身口意三。既知因果，自可防護身口，洗心滌慮。雖在暗室屋漏之中，常如面對帝天，不敢稍萌匪鄙之心，以自干罪戾也已。此大覺世尊普令一切上中下根，致知誠意正心修身之大法也。然狂者畏其拘束，謂為著相。愚者防己愧怍，為謂渺茫。除此二種人，有誰不信受。故夢東云：善談心性者，必不棄離於因果；而深信因果者，終必大明夫心性。此理勢所必然也。須知從凡夫地乃至圓證佛果，悉不出因果之外。有不信因果者，皆自棄其善因善果，而常造惡因，常受惡果，經塵點劫，輪轉惡道，末由出離之流也。哀哉！

聖賢千言萬語，無非欲人返省克念，俾吾心本具之明德，不致埋沒，親得受用耳。但人由不知因果，每每肆意縱情。縱畢生讀之，亦只學其詞章，不以希聖希賢為事，因茲當面錯過。袁了凡先生訓子四篇，文理俱暢，豁人心目，讀之自有欣欣向榮、亟欲取法之勢，洵淑世良謨也。永嘉周群錚居士，發願流通，祈予為序。因撮取聖賢克己復禮閑邪存誠之意，以塞其責云。

第一部分　本書介紹

尊敬的各位菩薩，各位大德同學：

大家好！

今天我們共同來學習《了凡四訓》。《了凡四訓》是一部教導我們改造命運的善書。它是明朝袁了凡先生寫給他兒子的家訓，總共有四篇，稱為《了凡四訓》。這四篇文章第一篇叫作「立命之學」，第二篇叫作「改過之法」，第三篇叫作「積善之方」，第四篇是「謙德之效」。它所教導我們的就是如何經營美滿的人生。如果我們覺得自己的人生不夠美滿，還有很多的不如意，正所謂人生不如意事十之八九，請大家不要灰心，要知道幸福美滿的人生是由我們自己來創造的。所以我們這次講題就定為「重建美滿人生」。

如果你覺得自己的人生已經幸福美滿了，但是要知道，雖然你比很多人更幸福，但是在生活當中也難免會出現很多的煩惱、挫折、困境，甚至會起很多的波浪。如何使自己的人生過得更圓滿，《了凡四訓》教導我們的就是這個。而且再進一步，教導我們如何轉凡成聖，從凡夫俗子的地位邁入聖賢的地位，真正使我們的人生達到究竟圓滿。對學佛人來講，《了凡四訓》

也是一門非常重要的基礎科目。它教導我們認識因果的道理，認識到善有善報、惡有惡報，從而能夠斷惡修善，去營造積極的人生，邁入佛法的殿堂。我們這次的學習盡量簡要詳明，只是把文中的重點提出來學習探討。大家生活在現代的社會裡，時間也是非常地緊促，很少人有充裕的時間來聽講、學習。所以我們這次希望用六天的時間把《了凡四訓》從頭到尾學習一遍，每天二小時，總共十二小時。學習完《了凡四訓》以後，我們再來學習印光大師為《了凡四訓》寫的一篇序文。這篇序文寫得非常好，從佛法的高度、從聖賢的高度為我們指出了學習《了凡四訓》的必要性，我們把它放在最後來學習。等我們把整個《了凡四訓》學習一遍以後，有了完整的概念，再來讀印祖的序，那個味道就更濃了。下面我們就開始學習這一篇文章。

首先介紹作者，本文的作者是明朝的袁了凡先生。他出生於明世宗嘉靖十四年，也就是西元一五三五年；於明神宗萬曆三十六年，也就是西元一六〇八年去世的，享年七十四歲。他的籍貫是中國江蘇省吳江市，本名叫作袁黃，字坤儀。古人有名也有字，名字是父母起的，也只有父母和老師才能叫一個人的名字；長大以後，朋友就不能稱他的名了，這是對他的尊重，因此長大後都要稱他的字。了凡先生，他原來有個號叫學海，意思就是很博學，學問、知識像海洋一樣的廣博。了凡先生十五歲那年遇到了一位孔先生，這位孔先生是一位算命的高手，精於八字算命。他為了凡先生算命，把了凡一生的命運都算定了，後來發現算得還非常準確，連他每次考試考第幾名，獲得多少俸祿，得多少的米糧，能做到什麼官都算得很準，還算出了凡先生命中無子，最後五十三歲壽終，把了凡先生整個一生都算定了。確實，了凡先生也基本上是按照孔先生算定的命運去走，一點都沒差錯。所以自己也就看開一切，沒什麼妄想了。因為命運都給人算定了。真的是「命裡有時終須有，命裡無時莫強求」。所以他自己什麼想法、什麼念頭都沒有。因為想也沒用，真正是「一飲一啄，莫非前定」，所以他的心也很清淨。

後來，有一次到南京的棲霞山，遇到了雲谷禪師，這是一位開悟的大德。雲谷禪師跟他在禪堂裡對坐了三天三夜，就發現這個人不簡單，打坐三天三夜竟然不起一個妄念，就問他什麼原因。了凡先生就告訴雲谷禪師，這是因為自己的命都已經被孔先生算定了。禪師聽了後哈哈大笑說，我原來以為你是個英雄，是個豪傑，原來還是個凡夫。了凡先生聽後很不解，很疑惑地請教雲谷禪師，這話怎樣理解？雲谷禪師就告訴他：「你這麼多年來竟然被孔先生把命算定了，都不能夠轉動一毫，你說你是不是凡夫？」了凡先生就問，難道命運是可以轉變的嗎？

禪師就給他開示，命運確實是可以轉變的，正所謂「命自我立，福自己求」。命運是由自己掌控的，福報也是由我們自己求得的。用什麼方法求？一定要按照因果的道理、原則去求。禪師給他開示以後，就教導他如何改造命運。了凡先生也聽明白了，後來就把自己的號改了，他原來叫學海，現在改成了凡。「了凡」，我們從這個名字可以看到，「了」就是完全明瞭，不再想做凡夫了，真正想要成聖成賢了。這是了凡先生所立定的志向，他想要轉凡成聖。轉凡成聖第一步是要斷惡修善，所以他這一生就是實踐斷惡修善，積功累德。確實，幾十年來他做到了，也真正把自己的命運改造過來了。原來他命中沒有功名，只能考取秀才，沒有舉人和進士，結果後來他獲得了進士，這是古人最高的學位。而且做的官也比原來要大，而且原來命中無子，但後來他生了兩個兒子；本來壽命應該到五十三歲的，結果他活到了七十四歲。你看，命運全改造過來了。所以在他晚年寫了這篇《了凡四訓》，把這一生所修所學的跟世人分享。他確實是斷惡修善、改造命運、重建美滿人生的好榜樣，在歷史上堪稱是一個楷模。

《了凡四訓》是他們袁家的家訓，本來是教導他自己子孫後代的。你看，古人傳家之寶是什麼？不是把一塊什麼玉，或者是把什麼金子、銀子留給子孫，不是！真正傳家之寶，就是這種聖訓。所以他把自己這一生所修所學，寫下來傳給子孫，後來也傳出來讓社會大眾也能受益。四篇家訓可以說是文理俱暢，震人心目，寫得確實很好，文字也很流暢，而且能夠真正讓人破迷開悟。在清朝末年，民國初年的淨土宗十三祖印光大師，當年就竭力地提倡這一本書，提倡因果教育，因此這本書流傳得很廣。

我們的恩師釋淨空老教授，在早年學佛的時候，接觸的第一部聖典就是《了凡四訓》，是一位朱鏡宙老先生送給他的。我們的恩師認真地學習這本書，而且依教奉行，這一生不遺餘力地講經弘法，要知道，講經弘法是最大的修善，恩師一生積功累德，也改造了命運。早年別人給我們的恩師看相算命，說他都活不到四十五歲，而且說我們的恩師，雖然人很聰明，但是福報很小，壽命也短。結果恩師今年已經是八十一歲，福報很大，智慧也很高。我們看他老人家也很長壽，他改造命運改造得很成功。所以我們的恩師也是一位大「了凡」。他也是極力地提倡弘揚這部書，可以說是有印祖的遺風。確實他也認識到，真正要解救現前眾生的劫難，必須用《了凡四訓》、《太上感應篇》、《安士全書》這些因果教育的經典；而且學佛的人真正做到信、解、行、證，入佛境界，也必須在因果教育的這些課程上面扎根。今生想要有所成就，就要打好我們中華傳統文化儒釋道三家的根。儒家的根是《弟子規》，道家的根是《太上感應篇》，佛家的根是《佛說十善業道經》，可以說《了凡四訓》是含攝了這三個根的教育。那我們在學習《了凡四訓》的時候，也盡量地結合這三個根，真正地去落實聖賢的教育，這樣才能夠入門。以上是簡單地給大家做了一個介紹。下面，我們來一起學習經文。

雖然《了凡四訓》不是佛經，但是要知道它講的理跟佛經的理是完全相應的。什麼叫佛經？佛經裡面講「諸惡莫作、眾善奉行、自淨其意，是諸佛教」，佛的教誨就用這三個科目來印證的。你看《了凡四訓》講的是不是「諸惡莫作、眾善奉行、自淨其意」，確實也是講這些。所以我們要高度地重視這部書，應該把它當作佛經一樣去尊敬和學習，這樣的話才一分誠敬得一分利益，十分誠敬得十分利益，我們的利益也才得的大。下面我們來看經文。

第二部分　立命之學

《了凡四訓》第一篇是「立命之學」，講的就是如何改造命運，如何重建幸福美滿的人生，它把這個原理講得非常的清楚，是以了凡先生本人的遭遇來貫穿始終，我們來詳細學習。在學習過程中也要去思考，「學而不思則罔，思而不學則殆」，光學習不思考，你就沒有辦法吸收，就會迷惑；光思考不實踐也不行，那就會變成癡心妄想，盲修瞎練。所以我們要思考，命運的主宰是誰？真正要了解命運的主宰不是上帝，不是神靈，而是自己。這個道理很深很深，我們透過學習慢慢地去領悟。

了凡先生在童年的時候，他的父親就過世了，所以了凡先生也屬於單親子女。雖然家裡遭遇不幸，但是並不妨礙他自己去做君子，做聖賢，所以單親子女也同樣可以成聖成賢。孔子、孟子也是幼年喪父，釋迦牟尼佛也是一出生母親就過世了，范仲淹的父親也是很早就過世，但是他們都成為了聖賢。所以只要我們真正認真學習和實踐聖賢的教誨，哪怕是環境不好也不會有妨礙，關鍵是靠自己。

我們看了凡先生童年喪父，母親就希望他去學醫，不要考功名，因為考功名是一條很有風險的路。古人講「學而優則仕」。真正要考取功名不單是自己學識要高，而且要真正有福，你要有這個命；如果沒功名的命，哪怕是很有才華的人，最後可能還是老於窗下。所以了凡先生的母親就勸他不要考取功名，要來學習醫術，治病救人。不但自己能夠養活自己，同時也能夠治病救人、自利利他，這不是很好嗎？還對了凡先生說，他的父親過去也是這麼希望的，希望袁了凡將來做一名好醫生，治病救人、救死扶傷。這是父母的心願，可見得這個家庭確實也是個善人的家庭。我們看袁了凡父親的遺願，就是讓自己的孩子治病救人，不是希望孩子大富大貴，而是能為社會做出有益的貢獻，這樣的人生才真正有意義。所以我們可想而知了凡先生的家教也是很不錯的，父母有這麼良好的善願，教導的孩子一定也是一個善良的孩子，所以家庭教育很重要。父母是什麼樣的心態，是什麼樣的存心，往往就會影響自己的孩子，要知道善必有善報，惡必有惡報。《易經》上所說的「積善之家必有餘慶，積不善之家必有餘殃」，一個善良的家庭，將來的子孫一定會好，一定會發達。

我們知道，宋朝的宰相范仲淹，在小的時候跟了凡先生的命運差不多。父親也是很早就過世，結果母親改嫁，范仲淹只能到破廟裡面去讀書。有一次，范仲淹跟一些朋友們遇到了一位看相的高人，大家都找這個先生看相，看自己將來能不能考取功名，能不能發達。范仲淹也問算命先生，他說：「先生，你看我這個相貌，將來能不能夠做宰相？」算命先生一聽，這個年輕人一開口就要做宰相，年紀輕輕的，口氣還挺大，所以這位算命先生就表現出一種不以為然的樣子。范仲淹看到算命先生這個樣子，馬上就改口，就又問他：「如果宰相做不了，那你看我能不能當一名醫生？」古代的醫生不像現在，收取很高的醫藥費，所以醫生的職業在現在來說，都是屬於比較高薪的階層。在古代，醫生都是屬於非常清貧的行業，就跟教書的先生一樣，雖然是清貧的行業，但是受到世人的尊重。為什麼？因為醫生是治病救人，而老師是教化世人，所以特別受到大家的尊重，可是生活都是很清貧的。算命先生聽到范仲淹這麼一改口，就問他：「你怎麼一開口說要做宰相，一下子又要當醫生？」范仲淹就回答說：「唯有宰相和醫生可以救人。如果當不了宰相，不能夠幫助普天下的人，那我就當一名醫生，救得一個是一個。」你看看范仲淹的存心，真的是仁愛！他沒有只為自己想，所以算命先生很感動，豎起大拇指稱讚他說，「你這種存心，是真宰相也！」後來范仲淹果然當了宰相，為朝廷建功立業，出將入相，而且他的兒子也當了宰相。所以你看看，積善之家必有餘慶。范仲淹的家庭、家族一直到民國時代都非常好，都受到世人的尊重，連印光大師都讚嘆他。

所以我們就知道，真正讀書、學文，就是要立志做聖賢。不管將來從事什麼樣的行業，做醫生也好，教書也好，都要做聖賢。聖賢就是對宇宙人生真相白了，真正能夠為世人、為社會做好榜樣的人。

了凡先生接受了父母的這種要求，於是就發願當醫生。有一天上山採藥路過慈雲寺，慈雲寺是在江蘇省的吳江縣，也就是了凡先生的家鄉。直到現在慈雲寺還在，它是一座歷史非常悠久的寺院，始建於三國孫吳時代，剛開始叫作廣濟寺，後來在明朝天順年間改名為慈雲寺，慈雲寺裡頭有一個塔叫慈雲塔，現在也是屬於旅遊聖地。這個寺院的名字「慈雲」，慈悲的慈，雲彩的雲，這個名字本身就很給人啟發。這個慈是代表慈悲，無私的這種大愛，大慈大悲，這是講我們的存心；雲是代表什麼？不空不有、亦空亦有。你看雲在空中，你在地上能看到，雲在空中好像真有各種各樣的形狀；你要是坐著飛機穿過雲層，會看到，其實它並不是一個真實存在的東西，都是些水氣的凝聚，所以它是代表空有不二。這就是佛門的教學，你看，古人用名字、起名都是提醒人覺悟，「慈雲」表示我們的存心要大慈大悲，但是又要明瞭宇宙人生如夢幻泡影。夢幻泡影就用雲字來代表。人做夢，夢是空的。是夢，它就不可能真有，但是在夢中明明又見到這些山河大地，一些人物，還會遇到一些事情，這些在夢裡真有！所以它是不空不有，真空妙有。這是智慧，有慈悲、有智慧才能夠普渡眾生。

寺院，在古代是教學的機構。古代的教育有兩大方面，一個是儒家教育，一個是佛陀教育，也就是佛教。佛教是在西元六十七年，漢朝明帝永平十年正式傳入中國的。當時首都在洛陽，於是在洛陽建立白馬寺，這是中國第一家寺院，是由皇帝下令用它來推行佛陀教育的機構。寺在古代是直接受皇帝領導的機構，這個機構叫寺。儒家的教育由宰相來領導，它稱為禮部，禮部就是儒家的教育部。所以在這裡我們看到，儒家教育由宰相領導，佛陀教育由皇上直接領導，都是教育。我們的恩師詳細講過一個講題叫「認識佛教」，給我們詳細說明瞭寺院裡面這些教學的道具，比如佛像，乃至佛前供的鮮花、水果、燈、水等等，這些都是藝術的教育，這裡面沒有絲毫的迷信。古人了解這個情況，都知道寺院不是宗教場所，而是教育的機構。所以讀書人常常都會到寺院裡去讀書。像范仲淹年輕的時候就在寺院裡苦讀，因為寺院裡面有圖書館，這些圖書館叫作藏經樓。藏經樓裡面的藏書很豐富，不僅是佛教的經典，而且儒、釋、道三家的經典，乃至各行各業的叢書、善書都蒐集在裡面，所以藏經樓是個讀書的場所。寺院裡所住的出家人，他們也都是有道德、有學問，學為人師、行為世範的老師。讀書人如果在學習中有問題解決不了，都會向出家人去請教。所以寺院真正的功能就是推動、從事聖賢教育，它是一個教育機構。

了凡先生路過慈雲寺的時候，遇到了一位老者，是位道長，長長的鬍子、高大的身材，飄飄若仙，真是仙風道骨。了凡先生見到道長，立即給他做揖行禮。就像《弟子規》中所教導的「路遇長，疾趨揖」，上前行禮，對老人家非常地恭敬。這位老道長見到了凡這種態度，了凡才十五歲就這麼有禮貌，就跟他講：「孩子，看你的面相，應該是一個讀書人，將來是可以考取功名，是能夠得到國家的俸祿，但是你為什麼來這裡砍柴、採藥？為什麼不讀書？看你的面相，明年你就應該考取秀才了。了凡先生就把自己為什麼不讀書的原因向道長報告，是因為父親的遺願，母親也希望自己棄文學醫，所以就沒有讀書。然後了凡先生就叩問這位老者的姓名、籍貫。老人家說他姓孔，是雲南人，得邵子皇極數正傳，這本書也就是邵康節先生的《皇極經世書》，它是一部命理學的名著，也是一門高等的數學，可以用它來算一個人的吉凶禍福，乃至一個國家的國運、世界的世運。老者說他這部《皇極經世書》，按照命理應該是傳給了凡的。你看這位老人家見到了凡先生，就一下斷定了凡是他的傳人。大家就覺得不解了，憑什麼會這樣？當然我們拋開他們這種會算命、看相的工夫不談。光看這種情形，了凡先生小小年紀對待老人家就這麼恭敬，僅僅這種恭敬、真誠的態度，就可以傳承大法。你看他見到老人家，《弟子規》講的「路遇長，疾趨揖」這條他做到了。老人家問他你為什麼不讀書？了凡就跟他講了為什麼不讀書，「問起對，視勿移」也落實了，這樣看來了凡先生把《弟子規》落實得確實不錯。

所以我們曉得要真正傳承大法，傳承古聖先賢的教育，一定要重視根本。根本在哪裡？在《弟子規》。《弟子規》做到了，這樣才能入門。所以老師真正找傳人，看什麼？是看一個人是不是真正做到了《弟子規》。所以我們的恩師這些年在講經時，就大力地提倡大家要落實《弟子規》，如果《弟子規》都沒有做到，那麼學佛是不可能成就的，往生也是不可能的。為什麼？因為《弟子規》都做不到，所以佛經裡講的善男子、善女人就沒你的份。善人都做不了，怎麼能夠做聖人，怎麼能夠成佛？

於是了凡就把孔先生請回家，因為孔先生說要傳給他《皇極經世書》，他很高興，這證明了凡是個好學的人。你看他誠敬、好學，還能夠遵循父母的願望，這是有孝心的表現。在生活方面，因為家庭比較貧寒，母子相依為命，所以他要靠學醫，以治病救人為業，生活一定是很清廉。所以他可以說有孝、儉、誠、敬、好學的優點，這樣的人，才能夠傳承法脈。所以我們希望能夠傳承聖教，真正不忍聖教衰、不忍世間苦。所以看到眾生受苦難，這是為什麼？是因為聖教衰微，所以眾生才會迷惑造業而受報。我們真正覺悟了，於心不忍，所以要發心傳承聖教。傳承聖教的基礎就在於這五方面，孝、儉、誠、敬、好學，具體來說就是落實《弟子規》，這樣才是一個真正發心學佛的人。

了凡先生把孔先生請回家裡，拜見過母親，然後母親就吩咐了凡，讓了凡好好款待這位老先生。首先試驗了一下這位孔先生算命的本事，就問了他一些事情，結果發現這位孔先生算得真是太準了，過去的事算得一點都不差，非常靈驗，證明孔先生確實是位高人。於是母子兩人就聽取了孔先生的建議，了凡就開始讀書，萌發了考取功名的念頭。當時，正好了凡的一個表哥，說有一位叫郁海谷的先生，正在開私塾教書，所以了凡先生就拜郁海谷先生為師，開始學習，準備將來去考試。下面我們把其中一段經文拿出來唸，因為我們的學習時間比較不足，所以我們盡量地濃縮，有一些不太重要的經文我們就略過，只是用白話的形式給大家介紹，比較重要的經文我們就提取出來學習。請看經文：

【孔為余起數：縣考童生，當十四名；府考七十一名，提學考第九名。明年赴考，三處名數皆合。復為卜終身休咎：言某年考第幾名，某年當補廩，某年當貢，貢後某年當選四川一大尹，在任三年半，即宜告歸。五十三歲八月十四日丑時，當終於正寢，惜無子。余備錄而謹記之。】

這一段經文是孔先生為了凡預卜終生休咎，把他這一生的流年禍福都給算出來了。說他在縣考（考試有縣級的考，有省裡的考，也就是府考），縣考童生時，他考第十四名。府考（這就是在省裡的考試）考第七十一名。在提學考（提學考相當於省裡的教育廳廳長主持的考試）就考第九名。這都是第二年了凡的運，結果第二年赴考，三處的名數都合孔先生原來算定的。

後來又請孔先生預卜他終生休咎，就是看他的一生。說他哪一年考第幾名，哪一年當補廩（補廩，廩就是廩生，它是秀才的一個等級，這種秀才是接受國家俸祿的，由國家給他薪水。給的薪水是用米、糧食來算的，叫廩米。這是在出現空缺的時候，才能夠補進去的。如果沒有空缺，就不能夠成為廩生，所以叫補廩）。他說某年補了廩生，某年應該當貢生，貢生是秀才的最高等級。在當了秀才、貢生以後，他就會被任命做四川的一個大尹，就是一個縣長，在任三年半，就應該退休了，就應該告老回鄉。五十三歲八月十四日丑時（丑時是相當於凌晨一點到三點的時間），他就會壽終正寢，這是說他的壽命，只有五十三歲，而且沒有後代。了凡先生把孔先生為他算的命「備錄而謹記之」，都做好了備忘錄，這是孔先生為了凡算他的一生。

了凡這一生主要的事情都被算定了。每一年考試考第幾名，吃多少國家的俸祿，到哪一年壽終正寢，都算出來了。從那以後，凡是遇到的考試，了凡先生考取的名次，確實都跟孔先生算的一模一樣。

有一次，出現了一個小的波折，那就是孔先生給了凡推算，在他補了廩生以後（這是秀才的一個等級，剛才講的，廩生是吃國家俸祿，這等於是我們現在說的公費生）他拿多少俸祿呢？拿九十一石五斗的米（俸祿用米來折合、計算），就應該出貢，提升為貢生了。結果他吃廩米吃了七十幾石的時候，突然間有一個屠宗師，是一位教育廳長，姓屠，這位屠先生竟然準備把他批准成為貢生，這跟孔先生算的命運不一樣，提前了，準備給他提前補貢。所以了凡先生就有疑惑了，不是應該吃到九十一石五斗的米，才會提升為貢生嗎？怎麼現在提前了？後來果然被一位代理的提學，就是代理的教育廳長楊先生，把這個建議給駁倒了。不准了凡補貢，結果他這次沒辦法提前。一直到了丁卯年，到了凡三十三歲那年，當時的教育廳長叫殷秋溟，殷先生看到了了凡先生的五篇文章，覺得寫得非常好。他說這五篇文章就是五篇奏議，就像是寫給皇上的奏議，寫得太好了，怎麼竟然沒有補貢？怎麼能夠讓這樣一個學問深厚的人埋沒於窗下？趕快去補貢，就把了凡提升為貢生。結果一算，前面所吃的米糧，果然是九十一石五斗米，跟孔先生算的是一模一樣，一毫都不差。所以了凡先生真的是徹底服了。所以經文上講：

【余因此益信進退有命，遲速有時，淡然無求矣。】

到這個時候，了凡先生才徹底相信命運，真的是命裡有時終須有，命裡無時莫強求，強求也求不來。你該吃多少米，吃到什麼時候，這都是命定的；什麼時候發達，什麼時候退休，都逃不過命運。所以他的心徹底地定了下來，不再妄求，因為他知道求也求不到，所以「淡然無求」。他補貢以後，就是當了秀才的最高等級，做了貢生，就應該到國家所辦的大學去學習。那時候的國家大學叫國子監，在明朝有兩個國子監，一個在北京，一個在南京。所以他先到北京去，當時把北京叫燕都，他在那裡住了一年。在國子監留學的時候，他是終日靜坐，也不看文字，真正是心灰意冷。知道人一生確實是命裡有時終須有，命裡無時任你如何努力也白費。所以他連書都不看了，知道該升官就升官，該退休就退休，完全服從命運的安排，這是徹底的宿命論。等到己巳年，那年了凡先生已經是三十五歲了，他從北京又回到南京，在南京準備就讀南京的國子監，那裡也是大學。在還沒有入大學之前，南京有一座棲霞山，這是佛教的名山，他就準備訪問當時在山中修行的一位高僧雲谷禪師。

結果，這位雲谷禪師接待了他。當時雲谷禪師是眾人都知曉的一位開悟的大德，雲谷是大師的名號，他的法名叫法會，所以我們叫他雲谷會禪師。他是參禪的，是禪宗裡面一位大澈大悟、明心見性的大德。這位高僧是十九歲出家修學，開悟之後，他韜光養晦，專門在山裡修苦行，從不沾染名聞利養。後來被一些達官貴人發現，有這麼一位有德行的高僧大德，於是都來向他請教，並且幫助復興了棲霞道場。老人家在山上不擔任任何的執事，只是躲在後山一個人跡罕見的叫天開巖的地方，在那裡苦修。大師平時接待來訪的客人，方法都很特別，來了客人一句話不說，丟個蒲團給你，就讓你打坐，參父母未生前本來面目，他跟你對坐，到必要的時候，才開示你幾句，點醒你。這種教學的方法非常特殊，確實雲谷禪師是一位非常難得的大德。

了凡先生也是慕名前往，來拜訪雲谷禪師。從這裡我們可以知道，了凡也一定是個學佛人，家裡人可能也是信佛的，所以他就特別有善根。來到南京，路過棲霞山，他一定會來拜訪大德。結果到了山上，在一個房間裡，雲谷禪師也是這樣扔給他一個蒲團，就讓他打坐，參父母未生前的本來面目，就讓他參。大師也在那裡打坐，兩個人就在這一個房間裡，面對面坐了三天三夜，一句話都不說。三天過去了，雲谷禪師發現來的這個人不簡單，他既不打瞌睡，也沒有什麼妄想，坐得很安定，所以這時候雲谷禪師就發話了。要知道當人坐了三天三夜以後，身心完全定下來了，心定了之後老師才發話，才開始教學，這種方法確實是好。如果一個人他心浮氣躁，心定不下來，你給他講什麼他都聽不進去，左耳進右耳出。所以必須讓他把心定下來之後才開始教育，這麼一教，確實是幫助了凡先生轉變了這一生的命運。我們來看經文，看雲谷禪師是如何開示的。

【雲谷問曰：「凡人所以不得作聖者，只為妄念相纏耳。汝坐三日，不見起一妄念，何也？」】

雲谷禪師就說，凡夫之所以不能成為聖人，區別在哪裡？就是因為凡夫有妄想，被妄念纏縛，跳不出妄念的束縛。聖人是徹底地放下了妄想。在佛門裡講的三條「妄想、分別、執著」，當把執著放下了，這就成為了阿羅漢，小乘聖果；把分別放下了，這就是大乘菩薩；把妄想放下了，這就成佛了。所以凡夫和佛其實只有一個區別，就是凡夫有妄想、分別、執著，而佛沒有。雲谷禪師就對他說，我看到你打坐三天三夜，竟然沒有起一個妄念，真好像和聖人是一樣了，你用的是什麼工夫。了凡先生很老實，他說：「我的命運都被孔先生算定了，榮辱死生，皆有定數，沒辦法改了，所以我想打妄想也沒有用，因此就不打妄想了，沒有妄念了。」你看了凡先生的工夫也很不錯，平常人沒這個工夫，都是妄念紛飛，但是了凡就不起妄念了，雖然他的妄念沒有斷，但是能伏住，為什麼能伏住？因為他徹底明白了，「命裡有時終須有，命裡無時莫強求」，他對這一點深信不疑，所以他就有這種工夫，不起妄念。一個人能不起妄念，心就清淨，他的受用就比平常人要好，因為他沒有煩惱，一切都聽從命運的安排。

了凡先生是一個中根的人，並不是上根人，如果是上根人，經雲谷禪師一點他就會開悟，但是了凡並沒有開悟，說明他還是凡夫。雲谷禪師就因材施教，沒有把最高的法門傳授給他，就只傳授給他改造命運的方法。改造命運的方法確實就是斷惡修善而已，真正能把斷惡修善落實了，我們就能夠改造命運，這每個人都能達到。

雲谷禪師聽到了凡先生的回答，哈哈大笑，他說，我以為你是英雄豪傑，好像是個聖人，聽你這麼一講，原來你還是個凡夫。為什麼是凡夫？因為他不明白「命由我作，福自己求」的道理，所以他是一個凡夫。但是他卻是一個標準的凡夫，為什麼說是標準凡夫？因為他的命運被孔先生算定之後，絲毫都沒有改。如果是修善的人，他可以把命運改得更好；如果是一個作惡的人，他命中的福報都會被消減了，會愈來愈差。但是了凡的命運沒有好轉也沒有變差，完完全全是按照命運所束縛的去走，所以我們稱他是標準凡夫。

但是他的心很定，真正心定的人就能夠接受善知識的教誨。所以這是一個難得的機緣，遇到了雲谷禪師，為他開示了改造命運、重建美滿人生的方法，這也說明了凡先生的善根、福德、因緣俱慬，並且很深厚。什麼叫善根？是指他能夠接受、能夠明瞭善知識的教誨，他能懂，能夠懂的人這是有善根。什麼是福德？是對於善知識的教誨能夠深信不疑，能夠依教奉行，這就是有福德。

了凡先生聽了雲谷禪師的開示之後，他就依教奉行，所以他真的能改造命運，這是他的福德。如果對善知識的教誨你明瞭了，但是不肯去依教奉行，那你明白也沒有用，說老實話，還是不明瞭；真正明白了，怎麼會不做？這好比是一個人看見一包是黃金，一包是黃土，擺在面前任你選擇，你可以選擇拿一樣，如果你真正明瞭，這是黃金，那是黃土，當然你會取黃金，不可能去取黃土。因為你真明白了，你才會真的做；換句話說，不肯真的去做，還是對聖賢教學、一些道理不明瞭，所以仍然要努力認真地去學習。聽經聞法非常重要，它能增長我們的善根。聽明白了之後實作，這就是有福之人。遇到了善於知識開示的雲谷禪師，這是最好最殊勝的因緣，所以了凡先生真正是善根、福德、因緣三個條件俱足了，他這一生命運就能改過來。那麼我們繼續來學習雲谷禪師的開示，這一大段的開示非常精彩。了凡先生聽到雲谷禪師的大笑，就不明白了，你為什麼笑我還是個凡夫？

【問其故？】

問雲谷禪師什麼原因，為什麼笑我？

【曰：「人未能無心，終為陰陽所縛，安得無數？但惟凡人有數；極善之人，數固拘他不定；極惡之人，數亦拘他不定。汝二十年來，被他算定，不曾轉動一毫，豈非是凡夫？」】

這裡雲谷禪師說人假如沒有達到「無心」，無心就是沒有妄念，這個心是妄想心，沒有妄想。如果一個人沒有妄想，就是不起心不動念，那麼「陰陽」就束縛不了他；如果我們還有妄念，就會被陰陽所束縛，那就有「數」了。你去算命看相，就能給你看的出來。為什麼？你逃不出陰陽命數。陰陽命數怎麼來的？就是你的妄念所生出來的，這個道理很深。

雲谷禪師繼續開示說：「但惟凡人有數，極善之人，數固拘他不定。凡夫雖然有命數，但是如果是個極善之人、大善人，數也拘他不定，也束縛不了他。為什麼？因為他的善業太大了，超過了他命中所應有的那些福報，所以你給他算命就算不準了，因為他這一生修的善太大了。「極惡之人，數亦拘他不定」，一個人如果造惡多端，哪怕是他原來很有福報，壽命很長，但是他可能到不了晚年，家道就衰了。為什麼？造惡所產生的這些惡報，真是積惡之家必有餘殃，所以他遭殃了，那麼你給他看八字也就不準了。為什麼？這是造惡得的果報。所以真是善惡報應都是在我們剎那的念頭當中。假如我們念念都修善，都是純善，那麼我們也能達到改造命運，命數拘我們不定。假如是造惡，惡念紛飛，控制不住，原來有的福報也就大幅度地削減了。雲谷禪師對了凡先生說，你從十五歲到今年三十五歲，這二十年來，命運被孔先生算定了，都沒有轉動一毫，沒有一絲毫的改變，你說你是不是凡夫？

所以真正的聖人就是能轉。《楞嚴經》上講「若能轉境，則同如來」。如來就是聖人，所以聖人他能轉境界，命運就是我們的境界，他能改造。還有我們的面相，也能改。看看自己從小到大的照片，我的相貌是愈變愈好，還是愈變愈醜了？是愈變愈莊嚴，還是愈變愈難看？從面相中就可以知道我們自己的心態，相由心生！很多人說我的相貌跟小的時候比起來，大有不同。從小時候的相片看，我是一個非常冥頑不化的小孩，很愚鈍，又很不開化的樣子，但是透過父母的教化，老師的教育，相貌確實改了。這是為什麼？只要改心。現在學佛了，心比過去善良，比過去明白了，這就是轉變。當我們的心轉變了的時候，相貌也就跟著轉。因為我是從今年一月份開始，放下工作，把在昆士蘭大學的職務辭掉了，不當教授了，全職跟著恩師學習聖教，學習講經。有一位居士剛才還跟我講，幾個月前，看到過我演講時的風度儀態，感覺現在，真是比以前有進步了，這就是在轉，如果不肯轉或者不會轉，雲谷這裡的笑話也就適合我了，豈不是凡夫！因為凡夫就不懂轉，轉不過來，聖人就能轉變。所以我們要立志轉凡成聖。

了凡聽了雲谷禪師這一席話，好像有點明白了，就繼續請教。

【余問曰；「然則數可逃乎？」】

這是了凡先生在問：這樣看來我的命數還能躲得過嗎？

【命由我作，福自己求。詩書所稱，的為明訓。我教典中說：「求富貴得富貴，求男女得男女，求長壽得長壽。」夫妄語乃釋迦大戒。諸佛菩薩。豈誑語欺人？】

雲谷禪師回答得好。他說，「命由我作，福自己求」。命運是誰去創造的？不是上帝，是由我們自己創造的、掌握的，福也是自己求得的。假如我們真正了解了佛經裡的教誨，宇宙人生、十法界的依正莊嚴，都是「唯心所現，唯識所變」，那你就徹底明瞭這句話的意思了。這個「我」就是指我的心，一切法由我心所現、我識所變，所以要改造命運就是改造我們的心，要求福就要先養自己的純善之心。現在國家領導人提倡構建和諧世界，從哪裡開始？也是由我心開始，真是「心淨則國土淨，心安則眾生安，心平則天下平」，內心和諧了，世界才能太平。如果內心還有對人的對立、矛盾、衝突，這個世界怎麼可能有太平？怎麼可能有和諧？家庭也是一樣，內心真正達到和諧，沒有跟人對立、衝突的念頭，家庭也就和諧了。所以樣樣都是要從內心當中求。

禪師講的「詩書所稱，的為明訓」，「命由我作，福自己求」這兩句話，是古聖先賢的教訓；他們的教誨「的為明訓」，的確是真實的、智慧的教誨。雲谷說「我教典中」，這是講佛教經典，因為禪師是出家人。「我教典中」，就是指佛門的經典裡，說什麼？「求富貴得富貴，求男女得男女，求長壽得長壽」，「有求必應」，這是我們常常在佛經裡聽到的。「佛氏門中，有求必應」，你求什麼都能得到，關鍵是你是不是如理如法地求。如果說求富貴、求男女，世間人不也都是求這些？男女就是兒女，求富貴的，求兒女的，求健康長壽的，是不是說我去佛門裡面上炷香，求佛爺給我們降福，這就能得到？我們看有的人得到了，有的人還是得不到，為什麼得不到？是因為他不懂得如理如法地求。這些都是福報，福報要從布施中得來。

布施有三種：財布施、法布施、無畏布施。布施財得財富；布施法就得聰明智慧；布施無畏（就是為一切眾生消除恐懼、消除憂慮、解脫痛苦，這是無畏布施）就得健康長壽。你要去做才行，不去做，光燒香磕頭，然後回到家裡還是造惡，沒有存養自己的善念，當然得不到。所以真正如理如法地去求，你就能得到。

禪師繼續說，「妄語乃釋迦大戒」。釋迦牟尼佛制定的戒律，最基本的五戒是：不殺生、不偷盜、不邪淫、不妄語、不飲酒。這五戒是佛家的根本大戒。妄語是根本大戒之一，就是指講假話騙人，妄語是釋迦牟尼佛制的大戒，怎麼可能釋迦牟尼佛自己打妄語？所以說「佛氏門中，有求必應」。佛這麼說，就一定是千真萬確的，佛是不會騙我們的。《金剛經》裡講，「如來是真語者，實語者，如語者，不誑語者，不異語者」。真正要相信佛菩薩的教誨，「諸佛菩薩，豈誑語欺人」，佛菩薩怎麼會騙我們？

所以「命由我作，福自己求」，這是千真萬確的道理，這個理很深。要知道一切法由心想生，假如我們存善心善念，自然就感應到善境界；存惡心惡念，就感得惡的境界，這個境界完全是我們一念心所變現出來的。境界停留的時間有多長？佛經裡講叫剎那生滅，停留的時間很短。我們這一念起來，佛經裡打一個比喻，說一彈指有六十個剎那，你看這一剎那的時間很短，一彈指大概四分之一秒，一彈指裡就有六十個剎那，一剎那當中就有九百個生滅，你想想這個生滅速度有多快。一秒鐘裡面這樣去折算，將會有二十一萬六千次的生滅，這個生滅速度太快，我們自己肉眼沒有辦法覺察。就像我們看電影，電影底片的前進速度很快，所以我們看到，好像影片的這些人物都在連續地動作。其實它那是一秒鐘換了二十四次底片，所以你就被迷惑了，看到那個人好像在連續地動作，相續相生。那更何況是一秒鐘裡面二十一萬六千次的生滅，等於一個畫面在一秒鐘裡面，換了二十一萬六千張相片，所以我們看到的這個境界是相續的相。我們怎麼可能了解宇宙本來的面目是剎那生滅的呢？而且這個生滅前面一個相，我們說前面一張相片和後面一張相片，兩張相片是完全不相關的，它們是分隔的兩張相片。但我們在銀幕上看，它們好像是連在一起了，那是為什麼？速度太快了。是我們執著了前面那張相片，因而產生了一個念頭，就變成了第二張相片。所以我們的念頭是本體，它現出的宇宙就好比是相片一樣。前面現一個宇宙，現出虛空法界，然後這念頭一下子滅掉了，二十一萬六千之一秒就滅掉了；然後第二個念頭又起來了，也是二十一萬六千之一秒這麼短，第二個念頭又現了第二個宇宙。所以前面一個念和後面一個念不相關，而前面一個宇宙和後面一個宇宙也是不相關的。

你真正了解這個道理就知道，要改造命運，怎麼改？要在念頭上來改。這是從根本上改。我們念頭一換，把原來的惡念換了，變成善念，這一念善所現的宇宙就是善，這個道理很深。這是改造命運的原理，所以要從根本上來修，從念頭上去改，才能夠徹底改造命運。

現在的科學家也為我們證實了這個原理，真正發現心念確實是能夠改變宇宙萬物，比較相似地證明了《華嚴經》所講的一切法由心想生的道理。日本的江本勝博士，他從事對水的試驗，做了十年，做了多少萬次的試驗，發現人的心念、人的語言乃至文字可以改變水結晶的結構。我曾經跟恩師到江本勝博士的實驗室去參觀過，他的試驗確實很簡單。譬如說接兩個試管的水，一個試管上面貼上美好的語言，另外一個試管貼上惡毒的語言。語言是心靈的符號，是思想的符號。就是給它加上好的和不好的意念，然後再進行冷卻結冰，觀察冰結晶的形象，把它用照相機照下來。這裡給大家看兩張照片，左邊的這張照片是試管上貼著「真噁心、討厭、我要殺你」這些很難看、很難聽的惡毒的語言，結果你看這個水結晶的形象，是不是很難看？很噁心？右邊的這幅圖，是試管上貼著「愛、感謝」這些好的語言和心態而結成的水結晶，顯然很美麗。這兩個試管水是同一個水源出來的水，唯一不同的就是給它們加上了不同的語言、不同的心態，證明什麼？證明人的心態確實能對水結晶產生影響。

江本博士還做了另外一個試驗。在東京有一個琵琶湖，這個琵琶湖的水很骯髒，一九九七年七月，他們總共召集了三百五十人，對這一片湖水進行祈禱，用意念為汙染的琵琶湖進行淨化，結果發現祈禱之前的水結晶和祈禱之後的水結晶，完全不一樣了，湖水在祈禱以後變得純淨了。所以他們的這種祈禱真正產生了作用，淨化了琵琶湖。根據這個原理，現在江本博士提出，要改造地球環境的汙染，起碼是淨化水資源方面，這是一個很好的作法，沒有任何副作用，只是大家用美好、良善的心態去祈禱。

我們知道水如此，整個世界萬事萬物不都是如此嗎？只要我們懷著一顆善良的心，對世界進行祈禱，我們就可以構建和諧世界。這也證明佛在三千年前就講出的道理，「一切法由心想生」。所以當我們遇到困境，命運坎坷的時候，不可以存有怨恨心，和惡的念頭，也不能怨天尤人，要知道這都是過去的因果。如果我還起惡念，只會把我的命運變得更差，一切法由心想生！如果我們想讓明天更好，就應該存著一顆善良的心，存著愛心、感恩的心；甚至感恩捨棄我的人，感恩鞭打我、折磨我的人，因為他們成就了我的德行，他們令我自立，是它提升了我的境界。當我們存著這種心的時候，當然命運自然就改了，而且當下就改了；你會覺得自己很幸福快樂，沒有憂愁、沒有憂慮，只有愛和感謝。大家看到，當下就改了。就像我們剛才所講的，念頭一換過來的時候，整個宇宙都改了，當下就改。所以關鍵是我們要用真誠之心，這是古聖先賢教導我們的真意。

了凡先生考取了秀才以後，補了貢生，從北京的國子監留學歸來，到了南京，還沒有進入南京國子監之前，先到棲霞山去拜訪雲谷禪師。他們在禪堂裡對坐了三天三夜，禪師看見了凡先生竟然一個妄念都不起，所以就問他用的什麼工夫？了凡先生很坦白地告訴禪師，說我的命已被孔先生算定了，所以也沒有什麼可打的妄想。結果禪師就笑著對他說，我原來以為你是英雄豪傑，其實你還是個凡夫。為什麼？因為了凡先生還不懂得「命自我立，福自己求」的道理。換句話說，他還受命運的束縛，不能夠像聖人一樣，超越陰陽之外。所以禪師就給他開示。這一大段的開示非常精彩。了凡先生受教以後，就真正依教奉行，改造命運。

我們昨天講到禪師的開示「命自我作，福自己求」。他特別引用了佛典所說的「求富貴得富貴，求男女得男女，求長壽得長壽」，真是「佛氏門中，有求必應」！我們就繼續從這裡開始學習，請看經文：

【余進曰：「孟子言『求則得之』是求在我者也。道德仁義可以力求功名富貴，如何求得？」】

了凡先生聽到雲谷禪師的開示以後，還是有疑惑，他就問禪師，孟子言：「求則得之，是求在我者也。」孟子說有求就可以得到的，那是因為求在於我，像道德仁義，是我可以求得到的，因為這個不受別人的支配，我可以增長自己的道德仁義，哪怕是在困境當中，也能夠求得道德仁義。可是功名富貴如何求得？功名富貴是身外之物，它不是我自己能支配得了的，那怎麼能求得到？我們來看看雲谷禪師的回答：

【雲谷曰：「孟子之言不錯，汝自錯解了。汝不見六祖說：『一切福田。不離方寸，從心而覓。感無不通』求在我，不獨得道德仁義，亦得功名富貴，內外雙得，是求有益於得也。」】

這段開示可以說是本篇的點睛之筆。雲谷禪師是一位真正開悟的大德，他給了凡先生點出來了。因為了凡是一位學儒的讀書人，當然熟讀孔孟的經典，所以他引用孟子的話，說道德仁義是可以自己求到，功名富貴是求不到的。這是了凡先生自己的理解。禪師說，「孟子之言不錯」。孟子沒說錯，是你自己錯解了孟子的真實義。錯解在什麼地方？這就是下面所說的「一切福田，不離方寸」。我們所求的功名富貴，都屬於福報，福報是種了才能得到的。所以福田就是給我們種福的。福田在哪裡？六祖說這一切的福田就不離開我們方寸之心。我們的心就是方寸大小，這是指我們的心地。只要在我們心地中去求福，就能求得到；道德仁義可以求到，功名富貴也能求到，長壽、兒女，一切的福報都能求到。所以禪師說「從心而覓，感無不通」。真正從內心中去求，一定能夠感通。這個心是指我們的心性，我們的心性當中，俱足萬法。六祖惠能大師在《壇經》裡面給我們說到，「何期自性，本自俱足；何期自性，能生萬法」。自性也就是我們的真心、本性，是每個人都俱足的，每個人都有的，誰都不缺，佛有，我們凡夫也有，而且這心性也是十方三世諸佛的同一心性。像釋迦牟尼佛是過去佛，阿彌陀佛是現在西方極樂世界的佛，雖然我們還沒有成佛，還是凡夫，但我們是未來佛，這過去佛、現在佛、未來佛就叫三世諸佛，是同一本體、同一心性，這個心性裡頭俱足萬法。所以六祖說是能生萬法。

功名富貴屬於萬法，兒女、長壽也屬於萬法，這些都能夠求得到，關鍵是我們要懂得怎麼求。「求」在這裡最重要說的是通，「感無不通」，要通心性，才能求到。這個通就是貫通，貫通宇宙一切次元的空間。用什麼方法來貫通？佛教導我們要用真誠心去貫通，正所謂「至誠感通」，真誠到極處就能貫通，就能通入我們的自性。

真誠，何謂真？真就是不妄，沒有一點虛妄。何謂誠？清朝的曾國藩給誠下了一個定義，說「一念不生是謂誠」。當我們一個念頭不生的時候，這就是誠了。換句話說，假如我們心裡還有一個念頭，不管什麼念頭，只要有念，那就是妄念，就不誠了。所以佛法教我們怎樣恢復真誠，就是要把妄念放下，心裡面不起心不動念。現在我們這些人真是凡夫，為什麼叫凡夫？因為我們一天到晚打妄想，從早到晚妄念都不停。平時打妄念都不覺察，等到我們唸佛的時候，或者讀經的時候，才發現妄念真的是鋪天蓋地，止都止不住。念經、唸佛的時候我們才能覺察，平時連覺察都覺察不到。所以我們怎麼可能感通？我們怎麼能明心見性？所以我們真正把這些妄念放下，就能夠回歸自性。

要放下妄念，第一步首先放下執著，把對一切人、一切事、一切物的執著放下。執著就是勉強用自己的意識，去控制、去佔有，非得按我自己的意思行事，這就是執著。先把這個執著放淡，然後放下；再進一步把分別放下，一切的好壞、善惡、美醜這些分別心我們都要放下，對一切事一切物都不分別了，真正能夠從心裡面承認「人人是好人、事事是好事」。不管什麼人、什麼事都是好的，都是來成就我的，這樣才能夠把分別放下；然後再進一步提升，就是練不起心不動念，讓自己的心像鏡子一樣，去面對每天的大小事情，就是練這種忍，忍住不動念頭，一切都隨緣。如果真正能做到這樣，就回歸自性了，你也就得大自在了。為什麼？因為你真正見了性，整個宇宙就是你，你跟宇宙完全融成了一體，真的是得大自在。

所以禪師說「求在我，不獨得道德仁義」。我能求到的，不單只是道德仁義，而且「亦得功名富貴」。因為這些都是我心性中本自俱足的，我只要從我內心心性中求，這些都能得到。所以孟子說的「求有益於得」，那是什麼？真正從心性中求，這就「內外雙得」了，因為既得道德仁義，又得身外的功名富貴，這叫雙得。這種求，就有益於得了。我們有時候就會問了，說我自己要求一些事情，到佛菩薩那裡去求，可是求不到。為什麼求不到？要知道，如果是求不到，那就是有業障，障住了你的所求。那怎麼來改變這種局面？必須懺悔業障，把我們的業障懺除掉了，我們就能夠得到。

什麼叫懺除業障？就是改過自新。譬如說我們的行為有過錯，就要把它改正過來；我們的思維、念頭裡面有惡的，要把這個惡轉為善，這樣去扭轉，業障就消除了，斷惡修善能夠幫助我們回歸自性，業障消除了，真的就是有求必應。所以我們從這裡才知道，原來增長道德仁義和功名富貴的福報，不是兩樁事情，是一樁事情，只要我們真正斷惡修善，回歸本性，這些都能得到。下面禪師繼續開示：

【若不返躬內省，而徒向外馳求，則求之有道，而得之有命矣，內外雙失，故無益。】

所以我們求，一定要懂得向心性內求，不是向外求，求人是很難的。古人講「登天難，求人難」。你向外去馳求，這確實很難。在好多年前，至少是五年前，有一次我有幸跟著恩師去日本參加聯合國教科文組織的一個會議，因為我當時在澳洲昆士蘭大學任教，所以在旅途中，恩師就跟我提到，說在大學裡面應該建立一個學佛社，讓大學生們都能夠有機會遇到佛法。當年我們恩師的老師李炳南師公，在台灣就辦了一個大專學佛社，舉辦一些佛法的課程，結果那批學生出來以後，都成為佛法裡屬於中流砥柱的人物。所以培養人才要從年輕人開始。當時恩師給我這麼一提，我自己就發願，希望能在大學裡面成立學佛社。雖然有了這個願，但是不容易實現，因為不知道有誰願意來學佛，所以我自己就從內心求，不向外求，我沒有去拉攏人，沒有拉大家一起辦個學佛社。這確實很難做！我曾經也跟幾位同學談過，他們都表示不感興趣，沒有這樣的人發心做。於是我每天做早晚課，迴向的時候也迴向這一條，希望我們大學早日成立學佛社，以弘揚佛法，利益大眾，就這樣迴向了三年，終於有一批志同道合的年輕人願意跟我一起做了。於是我們就開始每個禮拜開展教學課，講《弟子規》，講《無量壽經》，講這些佛法，跟大家一起探討。現在學佛社也正式成立了，雖然成立學佛社要經過學校批准，要有比較繁瑣的一些手續，學校要求至少有七十個人報名參加，學佛社才能夠成立，但是這些我們都順利地過關了，透過這件事，才真正感覺到「佛氏門中，有求必應」。

如果現在還不應，那是因為自己有業障，或者是眾生福報還不夠，或者是福報還沒現前。所以從心性中求，自己每日反省、改過、迴向給眾生，眾生福報增加了，好事才得以成就，這樣求也沒有煩惱。如果是去求人，求大家一起來做，如果大家不答應，你不是生煩惱了？這叫「內外雙失」了。所以懂得如理如法的求，這就真正「內外雙得」。如果事情沒有成功，要懂得返躬內省，是我自己德行不夠，所以不能感通，也不能夠感化人，才沒有一些志同道合的人發心來跟我一起做事情，這是我的德行不夠，我們要這樣返躬內省，就能夠「內外雙得」。

如果是「徒向外馳求」，那麼「求之有道，得之有命矣」，向外馳求這叫攀緣，就算是攀緣的，你求也要「求之有道」，這個道就是方法。確實，有很多過來的人求到了，當然他們有他們的方法。譬如說一些大富、長者、大財團的領袖，像Bill Gates（比爾．蓋茲），他是Microsoft的創辦人，這個人大學都沒有念完，退學以後自己做電腦軟體，結果發達了，成為了世界首富，人很年輕，現在才四十多歲而已，他的傳記現在也出來了，很多人看了比爾．蓋茲的傳記，紛紛要效仿他。可是你也去這麼做，按照他走的路去走，你就能夠成為世界首富嗎？我看不容易。為什麼？「得之有命」。看你是不是有大富的命，如果你命裡沒有這個福報，你按照他的方法去求，你也求不到；如果你命裡有這個財富，你才能夠得到。

所以了解了這個情況，我們才知道求富貴、求福報，首先要懂得種因，不能夠只看那個果。他所做的和他用一些方法去求，那只是一個緣，是他過去生中種了財布施的因，加上這一生用的方法，這是緣，因加上緣才能結果，他就得到了世界首富的這個果報。如果我們光用他的緣，而沒有這個因，肯定不行！所以真正懂得如何種因，才能真正得到福報；否則的話就是「內外雙失，故無益」。如果是徒向外攀求，而不懂得回歸本性，不懂得種善因得善果，那麼在內往往會失去道德仁義；如果不安守本分，甚至用一些不如法的方法去求，這就虧欠了道德仁義。在外，向外求，但是你命中沒有這個福報，你怎麼求都求不到，哪怕是你去偷、去搶，也得不到這個財富，為什麼？命裡沒有，所以就「內外雙失」了。這種人，我們稱他作小人，他是真糊塗。所以古人講「君子樂得做君子，小人冤枉做小人」。君子懂得如理如法的求就內外雙得，「內得道德仁義，外得功名富貴」；小人反之，冤枉做了小人。下面，雲谷禪師就為了凡先生開示改造命運的方法。前面告訴他根本的理論，改造命運要知道往心性中求。

具體的作法，下面就說出來了。禪師先問了凡先生，他說，孔先生給你算的命，到底算的怎麼樣？了凡先生就據實地報告，毫無隱瞞地說，我命中沒有科第，也就是說考不上舉人，考不上進士，只有個秀才的命，命中也沒有兒子……了凡把孔先生給他算命的情況都向禪師報告了。禪師是一位非常懂得教育的人，也很有教育的智慧。在沒有教導了凡先生改造命運的方法之前，先去問他、啟發他。他就問了凡先生，說你自己好好想一想，你應不應該得到功名富貴，能不能考上科第，能不能生兒子？結果這麼一問，了凡先生就大夢初醒了，過去從來沒有想過這些問題，今天禪師這麼一問，他就回頭思考了。想了很久以後，他就對禪師說，我確實不應該得功名富貴，也不應該有兒子。為什麼？因為得到功名富貴的人，他們都有福相，了凡先生自己反省，說他沒有這個福相，什麼福相？我們看了凡先生是怎麼說的。他說：

【余福薄，又不能積功累行，以基厚福；兼不耐煩劇，不能容人；時或以才智蓋人，直心直行，輕言妄談。凡此皆薄福之相也，豈宜科第哉。】

了凡先生很誠懇，真正剖析自己，找自己沒有科第這個福相的原因。他說自己是薄福之相。我們說一個人他福分淺，這是有徵兆的。怎麼看他是福薄？了凡先生自己講了六個方面：

第一個，不能「積功累行，以基厚福」。了凡先生說，在官場的人他們都是有福之人，為什麼？因為他們能夠「積功累行」。這就是《無量壽經》裡面講的「積功累德」，《太上感應篇》所講的「積德累功」。他們懂得積善積福，培養自己福報的根基。了凡先生做不到，他不能夠培養自己福報的根基，不能夠累積這些善行。中華傳統文化儒釋道三家，都是教導我們成聖成賢。這三家的根，也是我們「積功累行」的根，也是這裡講的福基，福報的根基。儒家的根在《弟子規》，道家的根在《太上感應篇》，佛家的根在《佛說十善業道經》，能夠落實這三個根，真正去做到，才是有福之人，這個福的根基就厚了。了凡先生做不到這點，所以這是第一個薄福之相。

第二個，「不耐煩劇」，就是自己不能夠忍耐繁瑣的事情。不耐煩、沒有忍耐力，事情多了就急急躁躁，內心不能夠平和，這就是沒有福報。古人培養孩子的福報，從小就開始。你看《弟子規》裡面「謹」這一篇，就是教孩子謹慎、耐煩做事。譬如「緩揭簾，勿有聲」，我們拉簾子要慢慢地拉，不可以喀嚓一下就拉起來；「執虛器，如執盈」，拿著空的杯子就好像杯子裡裝著水一樣，拿得穩穩妥妥，這是練我們的耐性；又譬如「寬轉彎，勿觸稜」，我們走路轉彎，都要寬寬的轉，不要觸到稜角。譬如說桌子有稜角，你要是轉得太急了，就碰到了桌子，又碰傷了自己的身體，碰傷身體這是不孝，「身體髮膚，受之父母」，不能夠毀傷身體，又碰壞了東西。所以你看《弟子規》裡就教導我們，如何去耐煩做事，這就是修養福報。了凡先生知道自己這方面做不到，所以就沒有科第的福報。因為考取科第是要做官，做官的人就要耐得住煩劇，因為繁瑣的事情很多。真正偉大的人，他做的事情都是很繁瑣的，不是每天轟轟烈烈的。沒有！就是每天做好平凡的小事，累積一生，才能成為偉大的人物。所以這個不耐煩劇，了凡先生自己反省，說他沒做到。那我們自己也要想想，了凡先生的這些缺點，我有沒有？如果沒有，那很好，以後不能犯；如果有，那就趕緊改。真的是「以人為鏡，可以知得失」。

第三個，「不能容人」，這是第三個薄福之相。他不能夠容忍別人，自己很容易發脾氣，這是因為他心胸窄小，心量不大，所以容納不了一些人和事。要知道人並非個個是聖賢，都會有犯錯誤的時候，我自己也是經常犯錯誤。看到別人犯錯誤，我們是不是批評他、指責他，不肯放過人家？責備人家責備得這麼嚴，對待自己有沒有這麼嚴厲？古德所說的「正己然後化人」，這也是《太上感應篇》所講的「正己化人」。自己「正」了，先做好了，就自然感化別人，別人也就能做好。當我們看到別人做不好的時候，要反省自己，馬上就返躬內省，是因為我沒做到，所以不能感化他。只管修正自己，不能夠去指責別人，這樣才是真正有德行。

第四個薄福之相，「時或以才智蓋人」。他喜歡出風頭，用他的才華、智慧，去壓制別人。這是什麼？也是眼光比較淺，所以他沒有容納他人的一種心量，所以自己有一點才華，就覺得自己了不起，不懂得謙虛，不知道山外有山，樓外有樓。他的這些才華、智慧，是不是真實的才華和智慧？不是！古人所說的「學問深時意氣平」。真正有學問、有道德的人，他一定是處處謙虛，處處恭敬，絕對不會用才智去蓋人，他這種才智，佛法裡稱為「世智辯聰」，不是真實的智慧。所以真正讓人家服，不是在我們口頭上，或者用我們的勢力去壓制人。《弟子規》上講的「勢服人，心不然；理服人，方無言」。有德行的人都懂得讓人家真正佩服，心服口服，不是用我們的勢力和才智去壓制人家、損人家；而是真正讓他明白道理，用我們的德行去感化他，這樣他才能夠服。

第五個薄福之相，「直心直行」。這個直心直行，不是佛經《維摩詰經》裡面所講「直心是道場」的那個直心。不是！那個直心是什麼？是沒有分別，沒有執著，沒有妄想，這種直心才是「直心是道場」。但了凡這裡所講的「直心直行」，是講他任性，想說什麼就說什麼，想幹什麼就幹什麼不給人留面子，不考慮事情的後果甚至「輕言妄談」。

第六個，「輕言妄談」。想說什麼就說什麼，想做什麼就做什麼，任性執拗，這是大毛病。說的話，一定要「三思而後言」；做的事情，也是要「三思而後行」。一定要謹慎，不能夠輕率，特別是不可以輕率地講別人的毛病，而顯示自己的才華、能力。《太上感應篇》所講的「不彰人短，不炫己長」。不能夠去彰顯人家的短處，不炫耀自己的長處；《弟子規》上講「言語忍，忿自泯」。我們對人講話，特別是在有矛盾的時候，言語要忍耐、柔和，憤恨自然就沒有了。如果是輕言妄談，想到什麼就說什麼，不經過大腦，就隨便講話，往往會跟人家結怨，所以這些都是薄福之相！當然，福薄就得不到功名，考不上科第了。

所以真正明白道理了，絕不會怨天尤人，自己想想就心服口服了。「豈宜科第哉」，怎麼可以得到科第。下面，他又反省「不應有子」的原因。他說：

【地之穢者多生物，水之清者常無魚，余好潔，宜無子者一；和氣能育萬物，余善怒，宜無子者二；愛維生生之本，忍為不育之根，余矜惜名節，常不能捨己救人，宜無子者三；多言耗氣，宜無子者四；喜飲鑠精，宜無子者五；好徹夜長坐，而不知葆元毓神，宜無子者六。其

餘過惡尚多，不能悉數。】

了凡先生非常難得，把自己的過錯毫不隱瞞地說出來。為什麼自己得不到兒子，他講了六條原因。

第一個，「地之穢者多生物，水之清者常無魚」。這是個比喻，你看大地雖然骯髒，但是它能夠生育萬物。如果水太清了，裡頭就養不了魚，這也是比喻。了凡先生還說自己有潔癖，「余好潔」，所以不能夠像大地那樣去生養萬物，也就沒有兒子。自己太愛好清潔了，清潔到有一點骯髒都受不了，可能因為這件事情，也跟家人有很多的不和。因為一個家庭裡面，如果一個人非常好潔，動他一點東西他都受不了，稍微有一點的灰塵，一點的汙染，他就發脾氣，這種人很難相處。所以家庭想要和睦，就要懂得忍耐。家和萬事興，真正和睦的家庭才可能有後代。這是了凡說的第一條「余好潔」，就是他太愛清潔，就沒有辦法有兒子了。

第二個，「和氣能育萬物」。這是講和，家裡要有和氣，和氣才能夠生育萬物。但是，了凡先生說他善怒、愛發脾氣。可能是因為家裡東西髒了受不了，或者是在外面看人家不順眼，也受不了。這種好怒、愛發脾氣，換言之就是「貢高我慢，狂妄自大，目中無人」。這些習氣，很嚴重，所以他就沒有得兒子的這種福報。《弟子規》上講「凡是人，皆須愛；天同覆，地同載」。你看看，天地能生養萬物，為什麼？因為天地有無私廣大的仁愛之心，所以它能生養萬物。我們希望生養後代，也要效仿天地「好生之德」，真正有廣泛的愛心，愛護一切眾生，我們自己才可以有後代。

下面講的「愛維生生之本，忍為不育之根」，這是第三條原因。首先講了一個道理，愛是指愛心，它是「生生之本」，一切萬物都由愛心而產生。「忍」，在這裡是指殘忍。心地殘忍，就沒有辦法生育萬物了。了凡說「余矜惜名節」，我很愛惜自己的名節，愛惜到不能夠捨己救人。可能當人家看到我們要救人的時候，他會說點閑話：你去救人，肯定是有利可圖，你才去充當一個好人，愛名愛利。外面說閑話的人很多，真是好事多磨，你聽到這話的時候就想：算了，他這麼說我也就不去救人了。愛惜自己的名節，就不能夠捨己救人，說老實話，這一種人就是自私自利。真正發出真誠心去救人的，哪怕是自己的名節受損也要去做。為什麼？因為這是應該去做的。了凡先生做不到，所以就沒有福報，這是第三個原因。

第四個原因，「多言耗氣，宜無子者四」。這個人愛說話，「多言」就會損傷氣力。所以《弟子規》上告訴我們「話說多，不如少；惟其是，勿佞巧」。我們講話，話多不如話少，講話一定是講真誠的話，不要講那些虛偽的客套話，甚至無謂的玩笑，無聊的話我們都不要去講，真正少言才能養氣。

第五個原因，「喜飲鑠精，宜無子者五」。了凡先生愛喝酒，愛喝酒就會損傷自己的精神和身體。《弟子規》上講「年方少，勿飲酒；飲酒醉，最為醜」。喝酒，酒醉了以後可能醜態百出，甚至會造作罪業，這是不懂得這個道理。愛好喝酒損傷精神體力。

第六個，「好徹夜長坐，而不知葆元毓神，宜無子者六」。這是說他晚上愛打坐，徹夜長坐，不肯睡覺。可能在那裡坐著會胡思亂想，這樣就損傷精神，不知道保護自己的元神。所以你看這後面三條講的是精、氣、神，多言耗氣。「喜飲」就「鑠精」，徹夜長坐就損傷元神。所以我們要真正愛護自己的身體，要懂得養精、氣、神，少言以養氣，少思以養神，少欲以養精。真正這樣做到了，才能夠保護好自己的身體，這也是孝。了凡先生給我們反省了六個無子的原因。最後說「其餘過惡尚多，不能悉數」。除此之外，還有很多的過失都不能再細說了，這是了凡先生反省自己沒有科第、沒有兒子的原因，非常地誠懇，雲谷禪師就給他開導。我們看經文：

【雲谷曰：「豈惟科第哉。世間享千金之產者，定是千金人物；享百金之產者，定是百金人物；應餓死者，定是餓死人物；天不過因材而篤，幾曾加纖毫意思。即如生子，有百世之德者，定有百世子孫保之；有十世之德者，定有十世子孫保之；有三世二世之德者，定有三世二世子孫保之；其斬焉無後者，德至薄也。」】

這一段的開示，雲谷禪師在了凡先生反省的基礎上，又跟他進一步地闡述，說豈止是考取功名科第而已？世間大富大貴的人，「享千金之產者」，我們說是千萬身家的人，他們定是千金人物，有千金福分的人，才能擔得起千金之產。如果是過去生中沒有修福，這一生怎麼可能有這個福報？雖然這一生有大福報，但是如果不好好惜福，甚至是糟蹋自己的福報，造惡業，這就是損減福報。不能夠積德累功，就會把自己前生所積的福報很快地消滅殆盡，也擔當不起這個千金之產。所以我們看到很多的富貴人，富不過三代，不要說三代了，現在保到晚年的都很難得。原因就在於不懂得惜福，任意地造惡，糟蹋自己的福報。所以千金人物才能擔當得起千金之產。「享百金之產者，定是百金人物；應餓死者，定是餓死人物」。所以一個人這一生有多少福分都不是偶然的，都是過去修的善因，這一生有善緣就得到善果；如果過去是修惡因，沒有福報的，這一生注定是餓死的。他是命裡定的，沒辦法改，所以完全是自己自作自受。又說「天不過因材而篤」。這個篤就是真實不虛！天道很公平，它絕對沒有私心，善絕對有善報，惡絕對有惡報，「善惡之報，如影隨形」。所以老天爺非常公平，它都是按照一個人的福分多少，而分配給他該有的福分。

「幾曾加纖毫意思」，這都是自然感應之理，因果的報應絲毫不爽，哪裡有絲毫成見在裡面？老天爺沒有任何的私心雜念夾雜在當中。所以這一句是至理名言，我們應該常常去念這一句「天不過因材而篤，幾曾加纖毫意思」。反覆玩味，才能夠真正明瞭宇宙之間自然感應的道理。

禪師又開示說，「即如生子，有百世之德者，定有百世子孫保之。」你希望後代綿長，能夠有百世來保你的家業，那麼你自己要有百世之德。有百世德行的人，才會有百世的子孫來保持他的家業。你看看歷史上享國最長的周朝，八百年。這八百年的基業，就是因為開國的天子都是聖王，周文王、周武王、周公，他們都是聖人，他們真是毫無私心，以天下為公，所以他們才有八百年的享國。我們中國歷史上，子孫代代不衰的是孔老夫子，他的第八十代孫子都已經出世了，仍然得到世人的尊敬。為什麼？因為孔老夫子積的德行太厚了，完全是以真誠愛心、大公無私、有教無類，從事教化眾生的工作。所以真正最大的積德就是教化。所以我們希望這一生乃至生生世世都能得福報，要修這個福。

修福最大的就是弘揚聖教，把中華傳統倫理道德教育、聖哲的教育發揚光大，這個德就積得厚。要弘揚聖教，最根本的就是自己要落實、要做到。你看普賢菩薩講的供養，「諸供養中，法供養最」。以法做供養，這是一切供養當中最殊勝的，而法供養裡面第一條就是「如教修行供養」，自己真正依教奉行，做到古聖先賢的教誨，這才是積厚德、累大功。「有十世之德者，定有十世子孫保之」。你看看我們宋朝的宰相范仲淹他的功德也很厚，後代到了民國依然很旺盛。這都是為我們說明，完全都是因果，沒有絲毫的意思夾雜在裡面。「有三世二世之德者，定有三世二世子孫保之；其斬焉無後者，德至薄也」。所以看我們的德行有多厚就會有多長遠的後代。如果是沒有兒女後代的，自己就要反省一下，這個德太薄了。

所以雲谷禪師舉這些例子來說明，就是為了教導了凡先生，針對自己的缺點，反求諸己，改過自新。禪師勸導了凡說，你現在已經知道了你的過失，知道為什麼不發科第，不生子了，只要把這些薄福之相統統改掉，把它袪除，你就有福了。所以禪師勸導他：

【務要積德，務要包荒，務要和愛，務要惜精神。】

這裡的「務」就是一定。提醒他一定要「積德」，一定要「包荒」。「包荒」就是拓開心量，包容別人，包容一切。我們的心量有多大，福報就有多大，這個福報是隨著我們心量的擴大而擴大的。佛經裡面教導我們「心包太虛，量周沙界」。這樣的福報是通心性的，真正把心量擴大到盡虛空遍法界，我們的福報就遍虛空法界。「務要和愛」就是一定要跟人和諧，一定要有仁愛之心。這都是了凡先生自己反省的缺點，就要把它改過來。他不能夠和氣，不能夠去捨己救人，現在要改過來，要和、要愛。

「務要惜精神」，了凡先生愛喝酒，傷自己的精力，愛徹夜常坐，晚上不睡覺。他不睡覺也不是說參禪打坐。佛門裡有練不倒單的，不倒單那是什麼？真正有工夫，心地清淨的，他不需要那麼多睡眠，所以晚上可以不睡覺。如果我們妄念很多、心不清淨，還要拚命練不倒單，那就會損傷精神。與其坐著在那裡打瞌睡，不如躺著睡舒服。所以要懂得「惜精神」，愛惜精神。真正把自己的過失改正過來，重新做人，就能改造命運。雲谷禪師告訴他：

【從前種種，譬如昨日死；從後種種，譬如今日生。此義理再生之身也。】

把以前的那些過失都改過來，就好像昨天的人已經死了，那些過失、毛病統統放下；今後的種種，把缺點、過失改正了，重新做人，就好像今天出生，變成一個新人了，重新建造我的幸福人生，這種叫作「義理再生之身也」。能夠真正發大願，斷惡修善，破迷開悟，轉凡成聖，修養自己，服務社會，服務眾生，這就是用願力把自己的業力改變過來，這就叫作「義理再生之身」。你就不再是自己這個血肉之身，血肉之身是受業力支配的，當然活在陰陽命理束縛當中。為什麼？因為我們有私心、有雜念，有自私自利，有名聞利養，有五欲六塵這些貪圖、享受，所以逃不過命運的束縛，受業力的支配。現在完全把這些放下了，不再搞自私自利，不再貪圖名聞利養、五欲六塵的享受，把我整個身心獻給社會，獻給眾生，全心全意為人民服務。這樣就是願力改變了業力，你就成了「義理之身」。

所以「義理之身」和血肉之身的區別就在於我們還有沒有私心。如果還是自私自利，當然你就受業力支配；放下自私自利的人，這就是佛門所講的「乘願再來」之人，他就是「義理再生之身」。他已經完全跟他的業力脫離關係，業力沒有辦法束縛他了，他這一生真正了生死、出三界了。禪師繼續開示說：

【太甲曰：「天作孽，猶可違；自作孽。不可活。」詩云：「永言配命，自求多福。」】

這是禪師引用古訓中所說的，「太甲」是商湯的孫子，商朝的一位皇帝。他曾經也是作惡多端，後來受到了賢臣伊尹的教化，改造自我，重新做人。這句話是太甲對伊尹的感恩之言，他說「天作孽，猶可違；自作孽，不可活」。天做的孽是什麼？就是我們說的自然災害，自然災害是可以避免的，像地震、海嘯、火山爆發等等，這是天作之孽，包括我們自己的命運，生來就有八字了，是天生就有的，這些都是「天作之孽」，都是可以改變的。怎麼改變？用我們的心去改，真正斷惡修善，自淨其意就改變了。所以佛法裡講「依報隨著正報轉」。天作之孽，一些自然災害，譬如現在全球的溫室效應，這是自然的災害。其實你想想，這些自然災害的根本是什麼？是人為的，沒有純自然的災害，都是我們人為的災害，人不愛自然，用自私自利破壞自然，才感得自然災害遭到自然的報復。所以要改變天作之孽，就要改變自己的心，這才能做得到。

「自作孽」就不可活了，假如自己不肯改，還隨順自己的自私自利、貪嗔癡慢，那麼就沒有法子了，無法避免受惡報。所以禪師引用《詩經》上的話，「詩云：永言配命，自求多福」。這個「永言」就是我們所說的常說、常言道，古聖先賢都這麼說的。說什麼？「配命」，配就是匹配，命就是天命。這句話就是說要與上天的心匹配，上天的心是什麼？「上天有好生之德」，天的德是仁愛，我們的存心也是仁愛，也是「凡是人，皆須愛；天同覆，地同載」。這就跟天心相匹配、相契合了。人心同天心，這就是自求多福，福報自然就會現前，所以福報要從內心中求，「一切福田，不離方寸」。禪師告訴了凡說，孔先生算你不應該有科第，不應該生子，這都是天作之孽，都是可以避免的，也都是可以改變的；但是如果你自己不肯改，那就沒辦法了。所以禪師說：

【汝今擴充德性，力行善事，多積陰德，此自己所作之福也，安得而不受享乎？】

這句話是說，你現在明白了「命自我作，福自己求」的這個道理，就趕緊擴充德行，積功累德，力行善事，努力地去做善事，多積陰德。做的善事裡面，有的是陽善，有的是陰德。陽善就是你做的善事大家都知道，都讚嘆你，甚至報紙也要把你的這些善事報導出來，這種善叫「陽善」，你得了好的名聲，大家都知道你是個大善人，那你的福報就報掉了，後福也就沒有了。陰德是別人不知道你做了善事，你做了善事卻沒有人知道，這叫「陰德」。真正有陰德的人，才會後福無窮。所以我們做善事不要求人家知道，不要為別人報導、為了讓別人知道才去做。如果有這種心，本身就不善，為什麼？還好名，名聞利養都還沒放下，這是以惡心去行善事，他能得什麼福報？所以真正有德行的人他懂得修陰德，懂得韜光養晦，甚至躲到深山老林裡面去修行，等到有因緣的時候才出來為大眾服務，古人講「閉關」。我們恩師一直希望招收十個學生，閉關十年，不在外面拋頭露面，真正韜光養晦，成就自己的德行學問，為將來和諧世界做大貢獻，為傳承中華傳統文化做大貢獻。真正發心這麼做的人，才是真正積陰德，他的陰德也才積得厚。禪師繼續開示，說：

【易為君子謀，趨吉避凶。】

「易」就是《易經》。《易經》上講，教人趨吉避凶，就是要懂得如何得到吉祥，如何避免凶災，這就是「趨吉避凶」，《易經》教我們做君子。君子是什麼？大公無私的人是君子，懂得修養德行的人是君子。所以君子用《易經》來衡量自己、參考自己，看到自己命運不夠好，知道這是自己過去生中做得不夠，善因不夠圓滿，或者是有惡，這一生才會有這個報應，所以他不會怨天尤人，他只會什麼？改造自我，斷惡修善，就自然趨吉避凶了，這種人是君子。如果是算了命，看到命不好，說走北方不吉，你就偏偏走南方，這是在果上去改，能不能改得了？改不了。這種人不是君子，因為他不懂得反求諸己。《易經》不是為這些人來謀劃的，《易經》是儒家十三經之一，是聖典，怎麼可能教我們搞這些宿命論？他是讓我們了解自己的命運以後，好好地改造，這樣才是根本上的趨吉避凶。所以你看下面，如果說：

【天命有常。】

命運改造不了，了凡先生有這個疑問，命運可以改造嗎？禪師說如果命運改造不了，那何來講「趨吉避凶」？

【吉何可趨，凶何可避？】

這句話不是等於廢話嗎？《易經》上這麼說，正是說明天命是可以改造的，我們是可以重建美滿人生的。所以你看《易經》這個易字講的就是轉變，說明萬事萬物都是可以轉的。怎麼轉？從心轉，因為心是根本，是宇宙萬物的本體。從內心中轉、內心中求，才能有效果。所以我們這樣來學《易經》就懂了，原來《易經》也是教導我們進德修業，不是搞宿命論。《易經》：

【開章第一義，便說：「積善之家，必有餘慶。」汝信得及否？】

了凡先生是個讀儒書的人，當然他曾經也讀過《易經》，儒家十三經，讀書人都會讀的。所以禪師就用《易經》上的話來開導他，《易經》開章明義第一句話就告訴我們「積善之家，必有餘慶；積不善之家，必有餘殃」。這是講因果的道理，不僅僅是道家、佛家講因果，儒家也講因果，也承認因果報應，所以真正善人的家庭，就必定有善福。這個慶就是福慶，是說他真正有後福。這樣看來了凡先生讀儒書還沒有讀通，改造命運的方法，他還不能徹底明瞭，還不能夠深信不疑。禪師這麼一點化，「汝信得及否」，你真能相信嗎？所以這麼一問，確實讓了凡開悟了，雖然不是大徹大悟，但是至少在這一點上開悟了、明白了，真正明白命運是可以改造的。所以他信其言，真正產生了信心，立志要改造自我，重建美滿人生。

之後，他就把自己過去所犯的過失、罪業，在佛前誠心懺悔、發願改過，還寫了一篇文章，立志改過自新，首先求登科第，求考上舉人，考上舉人的目的，是為了報祖宗、天地之德。所以不是完全為自己，是為了什麼？為了光耀門楣，這是一種孝心。他發願修三千件善事，用這個來迴向自己的願望得以實現。這種發露懺悔是改造命運的開始，《弟子規》上講：「過能改，歸於無；倘掩飾，增一辜。」我們有過失，不要怕發露懺悔，不要怕被人看見，真正肯改過，這個過失就會改掉；如果要掩飾自己，怕被別人知道，就又增加了一條過失。所以了凡先生真正覺悟了，發願改過，這真是很難得，孺子可教也。

於是雲谷禪師拿出一本功過格交給了凡先生，把功過格介紹給他，並告訴了凡先生，每天把自己做的善事和惡事，都登記在功過格裡面，把善事紀錄下來以後，如果說又做了惡，就要把一條善事給袪除，以過折功，看看一天下來，到底有多少功剩下來。而且還教他念「準提咒」，這是佛門的咒語，念「準提咒」來加持自己，讓自己做善的效果更加靈驗。禪師教了凡先生念咒，目的是讓他把妄念減少。在念咒的時候，身心清淨，不起妄念，把注意力和所有的意念都集中在咒語上面，這樣效果就會更好。第一，可以幫他恢復精神元氣，因為了凡先生不懂得愛惜精神，每天思考得太多了，還徹夜常坐，透過念咒，可以幫助他放下這些思慮。第二，真正想改造命運，就要懂得，從無思無慮處去感格。真正通自性，才是徹底的改造命運。

要通自性，必須先要放下我們的思維和我們的起心動念，不思不議才能夠感通。

懂得了這個道理，其實我們唸佛也是一樣的。所以改造命運，除了做善事以外，還要唸佛，唸佛的時候關鍵是不起妄念，用一句佛號把我們的妄念給壓住，當我們的妄念起來的時候馬上就能覺察，然後用一句「阿彌陀佛」把它壓下去，把自己的注意力集中到佛號上，不要被這些妄念牽著走。禪師告訴了凡：

【語余曰：「符籙家有云：『不會書符，被鬼神笑。』此有祕傳，只是不動念也。」】

這裡是講畫符的符籙家，通常是指道家的人士。他們畫符能不能夠靈驗？這裡面有學問，如果不會書符，符不會畫，就會被鬼神恥笑。這個學問是什麼？「此有祕傳，只是不動念也」。所以畫符的關鍵在於不起心不動念，把所有的妄念統統放下，這是畫符真正的祕傳，不在畫什麼符，關鍵是不起心動念。禪師接著說：

【執筆書符，先把萬緣放下，一塵不起。從此念頭不動處，下一點，謂之渾沌開基。由此而一筆揮成，更無思慮，此符便靈。】

這是畫符的真傳。他說，當我們拿起筆來準備畫符的時候，先把我們的妄念統統放下，然後在一塵不起的時候，念頭不動、注意力高度集中，這「下一點」就叫作「渾沌開基」，那麼這一點，就是點到了自性。道家講的「道可道，非常道；名可名，非常名」。這個真道、常道不是用我們的思慮、語言去達得到的，要把這些統統放下，也就是佛家講的不執著、不分別、不妄想，那麼下這一點就叫「渾沌開基」。這個渾沌就是宇宙原本、最初的狀態，就用這一點去開，也就是說如何通自性？用不起心不動念，然後「由此而一筆揮成，更無思慮」，這一筆劃下來都沒有一個妄念，這個符就很靈。所以靈不靈的關鍵，就在於我們能不能做到不起心不動念。

畫符如此，唸佛也是一樣的道理。我們唸這一句阿彌陀佛，關鍵也是在於不起心不動念，這個唸佛就靈了。什麼叫靈？就是跟阿彌陀佛感通了。我們要求生西方極樂世界，極樂世界是法性土，心淨則國土淨。如果我們唸佛的時候夾雜著很多妄念，甚至還有分別執著，還有跟人家計較的念頭，還會念念想到誰對我不是，誰又說了一句不好的話冒犯了我，這些人我是非還夾雜在佛號裡頭，就不靈驗了。古人講「喊破喉嚨也枉然」，這樣唸佛就是念幾十年也沒有辦法感通，所以唸佛的關鍵就在於「不夾雜、不懷疑、不間斷」這九個字，這是我們恩師傳下來的箴言。這樣唸佛就能夠跟極樂世界阿彌陀佛感通。所以禪師說：

【凡祈天立命，都要從無思無慮處感格。】

「感格」就是感應。跟什麼感應？跟心性感應。宇宙一切萬法，包括我們的福報、我們的命運，都是「唯心所現，唯識所變」。所以真正能夠跟心性感應，這樣改造命運，就改得徹底。那怎樣感應？「要從無思無慮處感格」，就是我們要把我們的妄念放下，用真誠之心，所謂誠則靈，這個誠就是一念不生，不誠則無物，所以改造命運關鍵是要有這種真誠之心。下面禪師又說：

【「孟子論立命之學，而曰：『夭壽不貳。』夫夭與壽，至貳者也。當其不動念時，孰為夭，孰為壽？」】

孟子講的立命之學，講到「夭壽不貳」。這個「夭」就是夭折、短命；「壽」就是長壽。短命跟長壽是一不是二。你看孟子所說的，跟佛法裡講的不二法門相應。所以我們想孟子也是聖人，可能都是佛菩薩再來的。為什麼說「夭壽不貳」？當我們沒有分別的時候，不分別短命跟長壽，這不就等於不貳了？短命不會為之悲傷，長壽不會為之歡喜，這是以不分別之心對待我們的命運。他說「夫夭與壽，至貳者也」，短命跟長壽區別是最大的，「當其不動念時，孰為夭？孰為壽？」如果我們不起分別的念頭，心裡面沒有對立，那麼你看誰是夭？誰是壽？短命和長壽又有什麼區別？實際上短命跟長壽，確實是我們人為那種虛妄的分別產生的概念。

所以禪師說：

【細分之，豐歉不貳，然後可立貧富之命；窮通不貳，然後可立貴賤之命；夭壽不貳，然後可立生死之命。】

這是用孟子所說的「夭壽不貳」來開解，細細地去推演，豐歉也是不貳，豐就是豐收，歉就是歉收。就是說豐富和缺乏也沒有分別，是你自己的妄念在分別。當我們不分別、不執著的時候，豐歉就不貳了，真正有這種「豐歉不貳」的境界了，然後可立「貧富之命」，你就能夠立貧富的命了。為什麼？貧富對你都不影響，你的命運你就可以自己掌控了。怎樣才叫作立「貧富之命」？就是貧者安於貧，富者安於富。我貧窮，我就安在貧窮上面，我也很快樂；富貴的人安住在富貴裡面，他也很快樂。像孔老夫子的弟子子貢是一個富人，他很富有，他也很快樂。而顏回很清貧，你看《論語》上講的「一簞食，一瓢飲，在陋巷，人不堪其憂」，講的就是顏回，孔老夫子讚嘆他，說「回也不改其樂」。他吃飯連碗都沒有，就用一個竹子編的簍來做飯碗，喝水的時候拿個葫蘆瓢來喝，居住在陋巷裡頭，別人沒有辦法忍受這樣貧賤的生活，但是，孔老夫子卻讚嘆顏回說「回也不改其樂」。所以在子貢和顏回的眼中也是「豐歉不貳」，他們都得到了快樂，這是真實的學問。

那麼「窮通不貳，然後可立貴賤之命」。假如我們對「窮通」不分別了，就是我們的人生是困境重重，還是很順利？這個都不要去想，不要去分別，這樣就能立「貴賤之命」。

「夭壽不貳，然後可立生死之命」。對於短命和長壽都不分別了，就能夠立生死之命，也就是佛門講的入不二法門。所以這種人真正才叫作知天命，孔老夫子五十而知天命，他明瞭了宇宙人生的真相，他就活在快樂當中了。所以：

【人生世間，惟死生為重，夭壽，則一切順逆皆該之矣。】

雲谷禪師跟了凡說，人生在世，看死生這個區別是最重要的。如果說夭壽、死生都是不貳了，那麼一切的順逆境界都包括在內了，「該」就是包括。所以在順境當中不起貪愛，在逆境當中不起嗔恚，人家來傷害我、欺騙我，甚至遺棄我、陷害我，我都能夠常常懷著感恩的心對他。

感恩傷害你的人，因為他磨練了你的心志；感恩欺騙你的人，因為他增進了你的見識；感恩鞭打你的人，因為他消除了你的業障；感恩遺棄你的人，因為他教導了你應自立；感恩絆倒你的人，因為他強化了你的能力；感恩斥責你的人，因為他助長了你的定慧。所以永遠生活在感恩的世界裡面，這樣才是真正立命的學問。

了凡先生遇到雲谷禪師，禪師為他開示「命自我立，福自己求」的道理，而且告訴他怎樣斷惡修善、改過自新，重新去營造自己的人生，而且要懂得不分別、不執著，用孟子所說的「夭壽不貳」這種理念來解釋「立命之學」。禪師繼續告訴他：

【至修身以俟之，乃積德祈天之事。曰修，則身有過惡，皆當治而去之；曰俟，則一毫覬覦，一毫將迎，皆當斬絕之矣。到此地位，直造先天之境，即此便是實學。】

禪師這裡也是引用孟子的話，因為古代的讀書人都讀四書五經，所以對孟子說的話，他們都非常熟悉。在此，我們可以看出，禪師教化人是很懂得用善巧方便的。「俟」就是等待的意思，這種等待絕對沒有任何的攀緣，真的是要水到渠成。所以孟子說「修身以俟之」，告訴我們時時刻刻修養自己的品德，等待機遇的到來，也正是我們平時所說的「只問耕耘，不問收穫」。這裡的「將迎」，就是指念頭裡有起心動念、有攀緣心。所以做真實的學問，要懂得存養自身的工夫，以等待機遇到來，這是「積德祈天」之事。所以要改造命運，就要懂得積德。「曰修，則身有過惡，皆當治而去之」。這個「修身而俟之」，這裡有兩個關鍵字，一個是「修」，一個是「俟」。什麼叫修？就是身有過惡，自己有的一些習氣毛病要永遠地斷除。治就是對治，去就是袪除，對自己的習氣毛病不能有半點姑息，這是真正修身。沒有任何僥倖、非分之想，這就是俟。「曰俟，則一毫覬覦，一毫將迎，皆當斬絕之矣」。俟就是等待，沒有任何攀緣。「覬覦」和「將迎」都是指非分之想，起心動念都是向外攀緣，把這些念頭都要斬絕之，完全讓自己的心地清淨。「到此地位，直造先天之境」，果然能夠達到這樣的一種工夫，那麼自性的性德自然就流露出來了。「先天之境」講的就是自性。回歸到自性裡，要懂得自性當中能生萬法，那時候才真正徹底改造命運，這就是入了佛菩薩的境界，這種學問才叫實學。

什麼叫實學？真正放得下。把惡業放下，就是修身；把起心動念放下，就是俟、等待。孟子說得好，「學問之道無他，求其放心而已矣」。這個放心就是把放出去的心給找回來，把那些妄念分別執著收回來、斷除乾淨，這才是真正的學問，而不是搞學術。我們恩師講經時常常提到學儒和儒學、學佛和佛學不一樣。如果只是學知識、做學術的研究，沒有真實地去落實，不肯放下，那就叫儒學、佛學。你可以拿博士論文，你可以當教授、當知名的學者，但是還是沒有真實的學問。真實的學問是要我們放下，放下了才能入境界，才能夠得大自在，對於現在我們社會的問題，也才能夠真正圓滿地解決。我們現在看到世界那麼亂，天災人禍頻繁，想要真正解決問題，必須要有實學的人出來。現在想要培養實學的人，就需要有真正發心的仁人志士、年輕人，他們真正想要「為往聖繼絕學，為萬世開太平」。求真實學問的方法有，我們恩師把這種構想都講得很清楚，就是把儒釋道三家的根落實。《弟子規》、《感應篇》、《佛說十善業道經》，這是儒釋道三家的根，先要把它們落實，真正變成自己的生活行為，然後一門深入，長時薰修，十年寒窗苦讀、勤學，這樣才能夠開悟，也才是實學。所以真正發心的人就要懂得「修身以俟之」，真正用十年的時間把心安下來，修養自己的德行、學問，等待將來為眾生服務。接著，禪師繼續給了凡先生開示：

【汝未能無心，但能持準提咒，無記無數，不令間斷，持得純熟，於持中不持，於不持中持，到得念頭不動，則靈驗矣。】

了凡先生跟我們一樣，都是凡夫，所以還做不到無心。這個無心就是沒有妄念，沒有妄念就是聖人。我們還做不到無心，就要先從第一步做起，就是先控制妄念，把妄念能夠壓住，雖然還不能斷掉，但能夠伏住，這工夫就不簡單了。用的方法，雲谷禪師教的是持咒，「持準提咒」。持準提咒或持其他咒語，關鍵也是在於無心無念，把一切妄念統統放下，把注意力集中在咒語上面，這跟唸佛的道理是一樣的。我們唸佛的人不必持咒，因為唸的這一句佛號本身就是無上咒。所以我們唸這句阿彌陀佛，要懂得控制住自己的妄念。用的工夫，禪師教導他用「無記無數，不令間斷」。無記無數是讓了凡先生不要記數，把心完全專注在咒語上面，心就能夠清淨。但是剛開始，如果無記無數可能很難控制妄念，怎麼辦？你還是要記數。我們拿一串念珠，這一串念珠，一百零八顆，你掐一顆珠子就唸一句佛號，或者是唸十句阿彌陀佛掐一顆珠子。這個記數，是每天要有固定的功課，譬如說剛開始，可以一天唸一千或者是兩千佛號，慢慢增加到一萬、二萬、三萬。透過記數就能把心專注，等到心真正清淨了，幾年以後發現妄念真是少了，這個時候你就可以不記數，就可以隨時隨地的去唸，走路、吃飯，不管做什麼事情，只要不動腦子，就把佛號提起來，因為以前你記數的時候，佛號唸得都很習慣了，所以容易提得起來，到最後，連睡覺都不會間斷，「不令間斷」，妄念自然就不生了。

唸佛的工夫貴在不懷疑、不夾雜、不間斷。心裡不能有懷疑，首先不可以懷疑自己，相信自己本來是佛，不過因為現在還是受業障習氣纏縛的一尊佛，那我們用唸佛就可以把這些業障克服。另外，對阿彌陀佛不懷疑，相信唸佛一定感應阿彌陀佛威神和願力加持。真的是一念相應，我們自己就是一唸佛，念念地相應就念念是佛。不夾雜就是不夾雜其他妄念，有妄念的時候馬上把念頭移到佛號上，不管那些妄念，妄念自然就熄滅了。你愈去管它，它就會愈多；

不理它，這些妄念就愈來愈少。不間斷地唸佛，做到這樣，工夫持得純熟了，就能達到「於持中不持，於不持中持」。我持念這句佛號，唸得很熟很熟，一天到晚二十四小時，佛號都不間斷，即使是口裡沒唸的時候，耳朵裡都能聽到佛號，心裡還是有佛號一個節拍一個節拍的這樣，就好像我們的呼吸一樣。呼吸，大家想想看，你工作或者做事情，甚至睡覺的時候呼吸都從不間斷，它是自然的，甚至你動腦或者不動腦的時候，呼吸都不間斷。當我們持得純熟的時候，這個佛號就像呼吸一樣，自然就是一句一句的接下去，這個工夫就到家了。達到「持中不持、不持中持」，就是唸佛與不唸佛合一了，這也就是入不二法門了。所以這個工夫要慢慢地用，先是記數，然後是無記無數，最後達到「持中不持、不持中持」。

「到得念頭不動，則靈驗矣」。當我們能夠真正把這句佛號提起來，降伏了所有的妄念，我們的真心本性就現前了，這就叫「靈驗」。誠則靈，驗就是有效果、有感應，真正做到了「至誠感通」，跟自性感通了。

當了凡先生聽完雲谷禪師教導他立命的這一段精彩開示以後，他算是開悟了，真正明瞭原來命運是可以改造的。於是發心從今以後改造命運，不做凡夫了，他要做改造命運的聖賢人。於是，他開始了第一個舉動，經文上講：

【余初號學海，是日改號了凡；蓋悟立命之說，而不欲落凡夫窠臼也。】

第一個動作，改自己的名號，原來號「學海」。學海意思是博學，學的東西很多。一方面看出了凡是個很好學的人，另外一方面也知道了，他一定是一個貢高我慢的人，所以才稱自己是學海。現在他改號「了凡」，就不再想做凡夫了。名號就是提醒我們的，當別人叫我們這個「了凡」名號的時候，我們就要醒悟，不能再做凡夫了。所以改名的作用是在於提醒自己。「蓋悟立命之說，不欲落凡夫窠臼也」，他真正悟了、明白了，不想再做被命運束縛的凡夫。這個「窠臼」就是鳥窩，不想再在凡夫的窩裡待下去了，他想要做聖賢。請看下文：

【從此而後，終日兢兢，便覺與前不同。前日只是悠悠放任，到此自有戰兢惕厲景象，在暗室屋漏中，常恐得罪天地鬼神；遇人憎我毀我，自能恬然容受。】

了凡先生自從明白了「立命之說」以後，他就立志改過自新。可知要改造命運，首先是要好好地反省、改正自己的習氣毛病，這是第一步。所以「從此而後，終日兢兢」，他也開始認真起來，每天戰戰兢兢、如履薄冰、如臨深淵。這樣認真地反省，謹慎地改過，他就覺得跟以前不一樣了，「便覺與前不同」。「前日只是悠悠放任」，以前都很放肆，會縱容、放任自己；到現在就有一種「戰兢惕厲景象」，他時時刻刻懂得警惕自己，懂得關照自己，發現自己有過失就能夠醒悟、覺察，然後把它改正。

「在暗室屋漏中，常恐得罪天地鬼神」，常常懷著一種敬畏之心，在暗室裡頭，獨身一人，在屋漏下，沒有人看到的地方，過去是很放肆，亂說話、起惡念；現在不敢再亂說話、起惡念，更不敢做錯事，因為他怕得罪天地鬼神。

「遇人憎我毀我，自能恬然容受」，當別人憎恨我、討厭我、甚至毀謗我的時候，了凡先生過去受不了，他不可能輕易饒人，但是現在他不會憎恨，也不會跟這些人過不去了，更不可能起報復的心態，他能夠「恬然容受」，心平氣和地接受，這個心量慢慢地擴大了。過去沒有辦法容忍的事情，現在他能容忍了；過去饒不過的人，現在看見了心裡可以很平淡，甚至臉上會帶著微笑，不會再跟人家計較，這是落實《弟子規》上所說的「恩欲報，怨欲忘；報怨短，報恩長」。了凡先生慢慢做到了《弟子規》的這一條。所以我們讀了這些話，要勘驗自己、反省自己，能不能像了凡先生那樣認真地改過，過去的錯誤，與人總是對立，總是不能和諧，現在能不能夠把心量擴大，去包容一切？雖然以前有過失，但是現在改了就沒了，《弟子規》上講的「過能改，歸於無」。所以改過是立命第一步。

下面了凡先生又講到，他剛開始發願改過，效果就現前了。到了第二年，就是了凡見到雲谷禪師之後的第二年，參加禮部的科舉考試，本來孔先生給他算命，算他應該在那次考試中考第三名，可是他卻考了第一名，算得不太準了。接下來在那一年的秋天，了凡先生竟然中了舉人。這些功名在他命中本來是沒有的，秀才不屬於功名，只有舉人和進士才叫作功名。他命中本來沒有功名，現在卻有了，他考上舉人了，這一年了凡先生是三十六歲。他並不以此為滿足，仍然努力去改過。所以他說：

【然行義未純，檢身多誤；或見善而行之不勇，或救人而心常自疑，或身勉為善，而口有過言；或醒時操持，而醉後放逸；以過折功，日常虛度。】

這是他自己反省。雖然在努力地斷惡修善，但是「行義未純」，就是做得不夠純，雖然修善，可是善裡面還夾雜著雜念，過失還有很多。他舉了幾個例子，「或見善而行之不勇」，這是他過去的毛病。他以前就是為了「矜惜名節」，愛惜自己的名節，不能夠捨己救人，現在這一條還是做得不徹底，見到有善事，還是不能夠勇猛地去做，還是瞻前顧後，有很多的顧慮。另外「或救人而心常自疑」，他在救人的時候往往會產生疑心。譬如說，看到一個乞丐在路上，他剛想拿出錢來布施的時候，又想：這個乞丐是不是一個職業乞丐？他是不是專門來這裡以討飯維生？是不是他背後還有個什麼黑社會集團用他來賺錢的？想到這些就又不肯布施了，

「心常自疑」，要知道這是好事，我們就好好做，停留在第一念的這個善上面，不要再起第二念的疑惑，這樣功德就圓滿了。

本來我們可以做大功德，結果被這些疑慮攪進來之後，就不能夠徹底了，甚至就不會去做了。很多現在的善事，想做善事的人顧慮重重。過去，我的恩師舉過一個例子，新加坡有一位法師叫談禪法師。他每天就在城隍廟門口賣點香燭和一些小東西，生活非常清苦，每天只喝自來水，他累積的很多錢，全部都布施給大陸去修廟，哪裡有需要修復寺院的，他就慷慨解囊，都是幾十萬、上百萬地贈送。把錢送給別人的時候，只說一句話「各人因果，各人負責」，說完把錢放下了就走，以後再也不想了。你看這個人難得，真正做好事沒有疑惑，絕對不會想，說把這些錢給了他，他會不會貪汙、會不會用得不如法？有這些顧慮就沒有真正的功德，功德是清淨心，是無住布施。如果心有所住，功德就不圓滿，了凡先生就是這種情況。然後他又說：

「或身勉為善，而口有過言」，雖然身體勉強去做善事，心裡還是各種顧慮，甚至有時候看見人家有過失，或者是自己做善事，看到別人不肯做，他口裡面還會嘮叨幾句，還會批評人家，這都是口業。

「或醒時操持，而醉後放逸」，他還有喝酒的習性，酒戒不了。平時清醒的時候，他能夠操持好自己，很謹慎，能夠戰戰兢兢；但是醉了以後就又放逸，原形畢露了。了凡先生把這些過失累積起來，都寫到他的功過簿裡面。

「以過折功，日常虛度」，雖然每天做好事，可是犯了一個過失，就要把一件好事抵銷掉，這麼一抵銷，一天就剩不了幾件善事了。「日常虛度」，白白浪費了一天，沒有成果，這些都是剛剛開始修行的時候常見的現象。因為我們的習氣毛病都很重，所以有這種情況是很正常的。大家不要灰心、不要沮喪，依然要保持信心，要不斷地、繼續地努力。這樣的話，效果會愈來愈明顯，進步也就會愈來愈大。

了凡先生還挺不錯，真是咬著牙一直努力，他沒有灰心、沒有氣餒，一直做了十年多，從三十五歲開始發願到四十五歲以後，十年有餘，才把他所發願做的三千件善事做完。他原來是為求科第才發願做三千件善事，結果科第提前考上了，但是他為了滿願繼續做完這三千件善事，做了十年多，可見得很不容易。十年做三千件善事，平均每天做一件，你看，剛開始初學不容易。我們如果能夠勇猛精進，一天不止是做一件善事，所以我們的進步應該說不會比了凡先生差。這三千善行圓滿以後，他有一次回到了南方，就請幾位出家人到禪堂裡面迴向，把這些善事功德迴向，報天地祖宗之德。

然後，馬上又發了另一個願：求子。他要求得一個兒子以傳宗接代，也是許願做三千件善事。結果才過了兩年，也就是了凡先生四十七歲那年，就生了個兒子，名字叫天啟，這是了凡先生的大兒子。後來又有一個兒子，他就有了兩個兒子。所以這個效果很顯著，果報來得也很快速，剛剛發願兩年就成就。雖然成就了，願發了總得盡力做圓滿，所以了凡還是這樣認認真真地去做善事，每做一件善事就用筆把它記下來。了凡先生的太太不識字，就用一個鵝毛管蘸一點紅顏色的顏料，印在「功過本」上面，印成一個紅色的圈子，一個圈代表一件善事。夫妻兩個人都誠誠懇懇、認認真真地去做善事，非常難得。他舉了幾件善事，譬如說布施窮人，或者是買生命去放生。有時候一天可以做到十幾件善事。又過了兩年，頭尾四年，這第二個三千件善事又圓滿了。

我們看到了凡先生第一次的三千件善事做了十年多，第二次的三千善事做了三年多就做完了，這個進步就快了。於是他就請法師到他家裡去迴向。迴向以後，他又發了一個願，他愈做愈歡喜，覺得命運確實是可以改造的。原來沒有考上舉人的命他卻考上了，命中沒有兒子他也有了兒子，於是他的願就愈來愈大了。這次，他發一個願要考上進士。進士是古代最高的學位，古代的秀才相當於我們現在的學士，舉人相當於我們現在的碩士，進士相當於我們現在的博士學位，博士是最高學位。進士的第一名就是狀元，第二名、第三名就是榜眼、探花。於是，了凡先生發願求進士。這時候他就發大願了，要做一萬件善事。結果，發願以後又過了四年，了凡先生是五十二歲。那年，他真的考上了進士，朝廷封他為河北省寶坻縣的知縣。這個寶坻比原來他命中的四川那個小縣大。雖然也是個知縣，但是比原來命中算定的要更好。他當了官以後，在衙門裡依然保持斷惡修善，念念不忘要圓滿他那一萬件善事。他就自己準備了一本空白的小冊子，題名叫「治心篇」，專門來對治自己的心地。早上起來請家人把這個小冊子放在案上，然後把自己所做的善事、惡事都登記下來；到晚上就把這個小冊子拿回家，在自己的庭院裡面設一個小桌，然後點上香，向天地禱告。這是他效仿宋朝趙閱道的作法。

趙閱道是宋仁宗時代的一位御史，他為人非常清廉，不攀附權貴，鐵面無私，所以人稱「鐵面御史」。趙閱道每天都是在庭院裡設一個香案，然後把自己一天所做的善惡，統統寫在小本子上，然後去焚化，把這個疏文焚化，禱告上蒼，用這種方法來檢點自己。這一天如果有不敢寫到疏文裡面的事情，他就不敢做，因為這樣做會得罪天地鬼神，用這種方法來逼著自己斷惡修善。了凡先生也是這麼做的，做得很認真，但是夫妻兩人這時有個煩惱。因為他們現在搬到衙門裡住了，不像以前在自己家裡做善事那麼容易了，到衙門裡面每天都要辦公，不出衙門，要出去外面做善事就很難。一萬件善事做到什麼時候才能圓滿？所以他太太就為難了，了凡先生也都覺得有點為難。日有所思，夜有所夢，結果他晚上就夢到了一位神人來到他夢裡。了凡先生首先向這位神人請教，說自己要發願做一萬件善事求得到進士，現在進士也考上了，可是這一萬件善事怎麼做，做到何年何月才做圓滿？就跟神人報告自己的為難之處。這位神人就安慰他說，「不要緊，你曾經做過減糧的一件事情，這一件事情，就把一萬件善事已經圓滿了。」

減糧食這件事情是怎麼回事？原來寶坻縣這個地方，田租是每畝二分三厘七毫，當時了凡先生做了縣長以後，覺得田租太高了，百姓繳納糧食繳得太多了，於是就下令減糧，把田租減成一分四厘六毫，差不多減到一半了。這件事情確實有，這位神人竟然來到夢裡給他點化，了凡先生真是又驚又喜，還是想不明白為什麼只做了一件事，這一萬件善事就圓滿了。後來，有一位幻余禪師從山西五台山來到河北寶坻，幻余禪師是了凡先生的朋友，他們見了面，了凡先生就把做的這個夢向禪師講了，然後請教禪師這件事情可不可信？是不是我這一萬件善事真的已經圓滿了？幻余禪師也是一位有學問的人，他對了凡先生說：

【善心真切，即一行可當萬善，況合縣減糧，萬民受福乎？】

禪師說，你的善心真切，發出的善念很真誠，這裡面沒有夾雜一絲一毫的私欲，完全是大公無私，沒有任何的自私自利和執著，這種真切的善心發出來以後，即「一行可當萬善」，你做的這一件善事，它的功德就等於一萬件善事，在理上講是通的。為什麼？如果一個人真正善心真切，他絕對沒有執著、沒有分別，他所做的善事，這種心量是盡虛空遍法界，所以功德也是盡虛空遍法界，沒有界限的。他內心沒有分別執著，這個功德就沒有界限，極小的善都是遍虛空法界。這在理上講得通，更何況你是「合縣減糧，萬民受福」。了凡先生當了縣長，就給百姓減糧，減了田租，不止一萬家的百姓因此而獲利。所以從真實的效果來講，也是等於做了一萬件善事。你看公門裡面好修行。真正在這個位置上做善事，做起來就比較容易。一個決定下去就利益萬民，這個功德就很大很大了。

所以做善事，這裡提醒我們：

第一，要拓開心量。真心裡面沒有執著分別，我們用真心去做善事的時候，不計較得失，不計較果報，更不計較名利，這種無私的大心量做了善事功德就大。

第二，真正在這種位置上的人，要懂得去修善。

另外一種人，就是媒體的主持人。他們做的節目，透過這些媒體、電台、電視台播放，把它傳送到千家萬戶。如果播的內容是善的，啟發人認識倫理、道德、因果，啟發人斷惡修善、破迷開悟，這個功德不可思議；如果傳送的內容是殺盜淫妄、色情暴力的片子，這個罪業就大了。所以造大善、大惡全在人的一念之間。

我們今天所處的這個時代，面對這種亂世，人民不懂得倫理、道德、因果，造作無量無邊的惡業，用什麼方法能夠挽救他們？唯有靠教育，靠聖賢的教育。所以，如果我們現在有志同道合的人，利用高科技、衛星網路去弘法利生，把聖哲的教育傳送到每個家庭，這也是無量功德。所以像我們香港佛陀教育協會這個團體，有弘法的人、護法的人，工作人員、攝影人員，他們都是共同來傳播聖哲教育，這樣的善行，功德真的是無量無邊。所以我們沒必要去羨慕了凡先生說：我非得要當縣長，才能做圓滿這一萬件善事。不需要！我們真正懂得抓住當下社會最需要的教育，然後來傳播，這就是功德無量。剛才我們談到了凡先生發願，第一次做三千件善事，十年多才做圓滿；第二次發願做三千件善事，前後四年就做圓滿了，速度加快了；第三次發願做一萬件善事，結果一念就圓滿了。我們從這裡可以看到萬事開頭難，要改造命運，一開始跟自己的習氣毛病做抗爭是很不容易的。但是，只要一開始克服了，這以後的道路就愈走愈順愈走愈寬。所以了凡先生的命運愈改愈順利。他本來命中沒有功名，後來卻考取了舉人和進士；本來命中沒有兒女，他卻得了兩個兒子。命中算定他應該是五十三歲八月十四日丑時壽終正寢，可是那年他沒有得病，順順利利地度過。到寫這一部《了凡四訓》的時候，他已經是六十九歲了。直到七十四歲才走完其一生，所以壽命也加長了。了凡先生沒有求壽命，但是壽命卻自動地加長了，可見得關鍵問題是我們真正斷惡修善就自然感應福報。功名富貴、兒女、健康長壽都是福報。還有三種布施，財布施得財富，無畏布施得健康長壽，法布施得聰明智慧。所以了凡先生這一生努力地修善，結果他都得到了。

我們的恩師，他也是改造命運，改造命運改造得很徹底。首先是壽命。恩師常跟我們講，別人給他算命，這一生活不過四十五歲，因為他的父親、祖父、伯父壽命都沒有過四十五歲，恩師自己也很相信。所以修學也就把時間表定在四十五歲，認真、努力地去修布施，財布施、法布施、無畏布施，拚命做。別人送給他的供養，他只做三件事情。第一，去放生，這是無畏布施。第二，捐醫藥費，這也是無畏布施、財布施。把自己的醫藥費都捐出去了，自己就不得病，因為沒有錢得病。老人家講：你把醫藥費都留著給自己用，那你不得病誰得病？第三，修法布施，大量地印送經典，而且自己身體力行教化眾生，講經說法到今年已經四十九年了。你看這三種布施俱足，所以恩師的果報很殊勝。他得健康長壽，現在八十一歲高齡了，很健康，體力很好，每天講經兩小時、四小時都沒問題。我們年輕人都做不到。我只能每天講兩小時，恩師能夠講四小時都沒問題。如果我不講這兩小時，恩師就要講四小時，那我們覺得不要讓恩師太累，我們自己累點也是學習鍛鍊。所以咬著牙堅持講兩個小時。恩師以法布施得到聰明智慧，深入經藏，智慧如海。

財富，不一定說要很有錢，銀行的存款有多少數字，那個不一定是真正有財富，真正有財富的人，是他要用錢的時候自然就有錢用，就有人送錢來，這才是財富自在。我們恩師年輕的時候是很苦、很窮的一個人，也是短命相，後來命運全都改過來了，改得這樣殊勝。所以，這證明命運是可以改造的。了凡先生文中說：

【書曰：「天難諶。命靡常；」又云：「惟命不於常，皆非誑語。吾於是而知，凡稱禍福自己求之者，乃聖賢之言。若謂禍福惟天所命，則世俗之論矣。」】

他引用《書經》裡的一句話「天難諶，命靡常」。這個諶就是信，天道難以相信。什麼是天道？天道好還就是因果報應。這個你能不能相信？「命靡常」就是天命沒有固定，是可以改變的，這是聖賢的教誨。又云：「惟命不於常。」這就是講天命是無常的，命運不固定，全憑你自己造善造惡去決定。這些都不是誑語，不是欺騙人的話，都是真實語。所以聖賢人教我們「天命無常，修德為要」。了凡先生終於明白了，「吾於是而知」，他真的明白了。為什麼？他這一生完全落實了這些聖賢的教誨，證明瞭天命無常，全靠自己積功累德去改造。「凡稱禍福自己求之者，乃聖賢之言」。聖賢教導我們「禍福無門，惟人自召」，這是《太上感應篇》的話。禍和福在哪裡？在我們這一念之間。念頭起動的地方，就是禍福之門。我們這一念是善的，自然感應福報；我們這一念是惡的，是損人利己、自私自利的，自然就招禍。這些「乃聖賢之言」。

「若謂禍福惟天所命，則世俗之論矣」，如果說禍福都是命定的、沒辦法改，這種言論不是聖賢的言論，它是一般世俗的言論，叫作「宿命論」。所以真正學了聖賢教育以後我們就知道，原來命運完全掌控在自己手裡，我們可以重新營建美滿的人生。不但使自己這一生有福報，而且循著聖賢的教誨，可以提升自己的境界，提升自己的靈性，轉凡成聖。唸佛的人，這一生求生西方極樂世界，作佛作菩薩，這樣改造命運，就改造得最徹底了，這都是能夠做得到的。了凡先生又繼續說：

【汝之命，未知若何？即命當榮顯，常作落寞想；即時當順利，常作拂逆想；即眼前足食，常作貧窶想；即人相愛敬，常作恐懼想；即家世望重，常作卑下想；即學問頗優，常作淺陋想。】

這是了凡先生教導自己的兒子要懂得謙虛。「汝之命，未知若何？」你自己的命運不知道如何，你沒有遇到孔先生，所以你也沒有了解。真正要不要去了解？其實也不必要。為什麼？因為命運是按八字算出來的，那都是你過去生中的一個果報，而未來掌握在你自己手裡。所以需不需要去算命？不需要。特別佛教導我們，佛門弟子不必去算命算卦。「可得為世間事，不可得為世間意」，不要去占卜、做宿命論。所以佛法不是宿命論，佛法是最積極的教育。我們從這裡可以猜想到，了凡先生應該也是很懂算命。為什麼？因為他得到孔先生的真傳，孔先生把邵子皇極數正傳傳給了了凡先生，所以了凡先生也是個很懂算命的行家。但是為什麼他沒給自己的兒子算命？這就告訴我們，真正關鍵處不在乎你會不會算，不在你知不知道你的命運，而在於你斷惡修善、改造命運。原來是好命的，可以愈改愈好；原來是不好的命運，也可以把它扭轉過來。所以算命有什麼用？

這也是告誡孩子「即命當榮顯，常作落寞想」。哪怕是你的命很榮顯、很富貴的，你要常常當作貧困、落寞去想，就不會生起傲慢心。「即時當順利，常作拂逆想」。哪怕是一生很順利，一帆風順，都要常常想到不足、困難、挫折，不要求圓滿。多吃虧，這是好事。「即眼前足食，常作貧窶想」。如果是衣食豐足，現在生活過得都不錯了，也要常常想到，假如我現在貧窮了怎麼辦？我怎麼能夠浪費飲食？怎麼能夠暴殄天物？所以常常有這種思維，才是「正思維」。「即人相愛敬，常作恐懼想」。受別人的愛戴、尊敬，要常常想到，我這樣的德行是否值得別人愛敬，這一點虛名會導致災禍，所以常做恐懼想。如果自己德行不夠，趕緊要積功累德。「即家世望重，常作卑下想」。假如我們出身不錯，甚至是高貴的名門家族，也要常常做卑下想。謙卑、姿態要低，越低調越好，對任何人都平等恭敬，這才是有福之人，才能夠使你的家業長久，要以德去福蔭子孫。「即學問頗優，常作淺陋想」。哪怕是我們真的有學問、學得好，別人都非常讚嘆，要懂得山外有山、天外有天，我們這些學問算得了什麼？更何況在佛法裡面，離明心見性還差得遠，哪是真實學問？所以要常做淺陋想，自己還是很淺陋，不可以有任何的驕傲、自大。所以這種謙虛就招福。《書經》上講的：「滿招損，謙受益。」真正謙虛就受益，自滿的人一定招破損失。雖然這些是了凡先生教導他孩子的話，但是我們也要把它當作是了凡先生對我們的教育，也等於是了凡先生教導我們的。下面繼續學習：

【遠思揚祖宗之德，近思蓋父母之愆；上思報國之恩，下思造家之福；外思濟人之急，內思閑己之邪。】

這六個「思」，在佛門裡面有一個名詞術語叫「正思維」。這六個思維就是正確的思想。

第一個，「遠思揚祖宗之德」，這是孝心，想著要光耀門楣，要把我們的祖宗之德發揚光大。祖宗再遠我們都要念念不忘。一定要記得我們的祖宗是誰？我們都是炎黃子孫。所以炎帝、黃帝、堯、舜、禹、湯、文王、武王、周公、孔子、孟子、老子，這是我們人類的祖宗。這些祖宗的德行，我們有沒有想著要發揚光大？祖宗的道統有沒有想著去傳承？常常要這樣去思考、去反省，這是「正思維」，是孝道。中華文化儒、釋、道三家，這都是祖宗之德。眼見優秀的傳統文化面臨著斷層的危機，我們身為華夏子孫，能不能發大心去學習、實踐、落實祖宗的教誨？時時做如是想，真正落實祖宗教誨，才真正是「揚祖宗之德」。把祖宗的文化、道統發揚光大，真正能構建和諧世界，對現前的眾生是莫大的利益。所以古書勸導我們要「為天地立心，為生民立命，為往聖繼絕學，為萬世開太平」，這是揚祖宗之德。

第二個，思考「近思蓋父母之愆」。近在身邊的父母，我們要常常想到尊敬、愛護他們。

雖然我們的父母不一定是聖賢，但天下又有幾個父母是聖賢？可是我們應該把父母也當作老師去看待。他們的優點、長處我們要學習；如果他們有過失，這個「愆」就是過失，我們要回頭想想自己有沒有？不能夠抓住父母的過失不放。老看父母的過失，尊重、敬愛的心就生不起來了，孝心就沒有了。這個「孝」字一定要連著敬，孝敬孝敬，沒有敬那來的孝。所以要培養、反省，自己不可以去看父母的過失，不要把父母的過失放在心上。古人都講「家醜不可外揚」，這是為人子基本的德行。《弟子規》上也講「道人惡，即是惡；揚人善，即是善」，所以父母的優點，哪怕是少有的一點優點，我們都要加以表揚、讚嘆，讓父母高興；父母的缺點，我們不提，能夠忍受，讓他自己改過，這叫隱惡揚善。當然，如果我們看到父母有過失的時候，要知道善巧方便地幫助父母改過，這是出於一種孝心、愛心。《弟子規》上講「過不規，道兩虧」，如果看到父母、家人、夫妻、親人有過失，不加以規勸，那就是「道兩虧」，他有過失，我也有過失。

規勸特別注意方法，不是大肆地批評、嚴厲地指責，這樣一定沒有效果，而且適得其反。《弟子規》上講，父母有過的時候怎麼辦？「怡吾色，柔吾聲」這樣去勸諫，讓父母能夠理解你的愛心而得以改過。絕對不可以在有外人的場合，去說父母的過失，你要私下裡，靜靜地柔聲下氣地去勸諫。如果是父母不聽？「諫不入，悅復諫」，他們不聽你的勸告，你得創造條件讓他們高興，譬如說帶父母去旅遊，讓他們高興的時候你再勸諫。

第三個，「上思報國之恩」，這是思維報國土恩。國家人民培養了我，我現在能不能為國家、為人民做貢獻，把自己所學的都貢獻給社會，幫助國家構建和諧的社會、和諧的世界，這才是報國家恩。

第四個，「下思造家之福」。上對國家，常思報國恩，這是忠；「下思造家之福」，回到家裡來，常常想到如何為家人造福，這是孝。「造家之福」就是古人所說的「齊家」，治理好自己的家。用什麼去治理？這個標準在哪裡？必定要用倫理道德，用孝、悌、忠、信、禮、義、廉、恥這八德，去做好家庭的這種倫理道德的教育，樹立好的家風，這才能讓兒孫有福。給兒孫的福不是說給他多少錢，留錢給子孫，子孫可能會敗光，讓家產喪失掉，關鍵是要積福給子孫。積福，首先自己去做、自己積德，然後孩子自然就受你的身教感化，他們也就好好地做人，這樣他們才有福。

「外思濟人之急」，這是對人。看到別人有急難的時候，趕緊解囊相助，救濟別人；全心全力地幫助別人度過難關，這是「濟人之急」。

「內思閑己之邪」，這是對內，就是對自己內心要懂得防範。「閑」就是防範，防範自己的過失，不要讓邪知邪見生出來，這是「閑己之邪」。哪怕是一個人在獨處的時候，沒有別人在你身邊，沒有人會看到你，更要懂得慎獨，不可以起惡念，不可以造次，不可以放肆。這一天下來，晚上睡覺前反省一下這一天過得如何？會不會問心有愧？蓋上被子想想是不是愧對這床被子。當我們能夠問心無愧的時候，這就是真正養成了好的德行。所以「閑己之邪」就常常存真誠的意念、存善念，保持心地純淨純善。這些都屬於正思維。了凡還要繼續說：

【務要日日知非，日日改過。】

「務要」就是一定要，天天知道自己的過失，天天改過。

【一日不知非，即一日安於自是；一日無過可改，即一日無步可進。】

如果我們這一天不知道自己的過失，反省自己一天好像挺好的，沒什麼過失，那你這一天就白過了。「安於自是」，你就自滿了、自足了，這樣就不能進步。「一日無過可改，即一日無步可進」，所以唯有每天反省、改過才能進步。我也非常希望我們這裡志同道合的同修，我們共同採取了凡先生的這種功過格的方法。每天等於寫日記，反省自己哪些做得還不夠；如果是一日沒有發現過失，這一日就白過、沒進步了。我們真正希望大家實踐，這一生發願求生淨土，發願成聖成賢，那功過格就是最好的起步，效果會很好，做半年你就會發現自己進步很大了。所以一定要努力，踏踏實實地去做。了凡又繼續說：

【天下聰明俊秀不少，所以德不加修，業不加廣者，只為因循二字，耽擱一生。】

天下真正聰明、優秀的人不少，特別是現在的年輕人都很聰明、很優秀，但是往往這一生很快過去了，到了晚年才發現「德不加修，業不加廣」，在進德修業方面沒有什麼成就，這一輩子不就等於白白的過去了？為什麼？是不是他不懂道理？是不是他笨？不是。他很聰明，也學過不少聖賢的經典。那為什麼到最後沒有成就？只為「因循二字，耽擱一生」，這個原因就是「因循」兩個字。因循就是得過且過，對自己進德修業不認真、不踏實，追求的都是一些枝葉花果，不肯在根上去下工夫。根是什麼？《弟子規》、《太上感應篇》、《佛說十善業道經》是根。如果《弟子規》都沒做到，還認為這是小孩學的，看不起《弟子規》，羨慕那些大經大論、「四書五經」、「十三經」，羨慕人家是大儒、佛學家，到最後自己還是沒有根，《弟子規》、《太上感應篇》、《佛說十善業道經》都沒落實，這就耽擱了一生。到最後，真的是輪迴路上該怎麼生死還怎麼生死，這是很可怕的事情。所以真正明白了，要從根做起，老老實實、認認真真地扎這三個根，真正落實這三個根。雖然我們學的經論不一定很多，但是根落實了，這一生就能成就。

所以真正修學的人，要懂得「日日知非，日日改過」，落實三個根，這樣就能夠有真實的成就。了凡先生寫的這一篇「立命之學」是雲谷禪師傳授給他的。雲谷禪師是開悟的大德，所以了凡先生說這篇「立命之說」是：

【至精至邃，至真至正之理。】

確實是非常精深。正理是古聖先賢的教誨。讓我們熟悉，好好地體會，認真地去學習、去落實，不要自己耽誤了自己。這一篇「立命之學」我們就介紹到此。

第三部分　改過之法

接下來是第二篇「改過之法」和第三篇「積善之方」，這兩篇是《了凡四訓》中最主要的內容，就像佛經裡的正宗分一樣。前面這篇「立命之學」就好比是序分，最後第四篇「謙德之效」就好比是流通分。如果我們這樣去體會，這一篇文章就很有味道。「立命之學」是教導我們改造命運的原理，真正發心想要改造命運，第一步就先得改過。所以沒有談積善之前先談改過，教導我們改過的方法。改過是因，避災、避禍是果。所以如果不改過，哪怕是修善，善裡面夾雜著惡，這就不純，就是有漏的善，福都被漏掉了，所以得先把這個漏給補上，就要先講改過。了凡先生在這篇文章的開始就說，在春秋時代就有很多諸侯、大夫，他們都很有學問，看到人的言語、動作，就能夠預測到這個人將來的吉凶禍福。為什麼？下面了凡先生為我們說出了答案：

【大都吉凶之兆，萌乎心而動乎四體。】

人的存心是善惡的根本，是禍福的根本，所以吉凶禍福都有兆頭。怎樣看他的兆頭？透過看他的心就知道。一個人起心動念必定會表現在身體和形態上面，真正有學問有道德的人，一眼就能看出來你這個人的心是真誠的，還是虛偽的；你是個老實人，還是個詭計多端、很有城府的人；你這個人是個善人，還是個惡人。有真實學問的人就能看出來，騙不了人。無論你怎麼裝，都不可能瞞過人的眼睛。能瞞的只是那些沒有讀過聖賢書的人，而且可能暫時能瞞得過，但是瞞也只能瞞得了一時，不能瞞很長久。所以「吉凶之兆，萌乎心而動乎四體」，從起心動念萌發出來，在形體上面就表現出來。古人懂得看人，看這個人有沒有學問，有沒有福報，只要看他的心地就知道了。這些在古訓當中，像春秋三傳：左丘明的《左傳》、公羊高的《公羊傳》、穀梁俶《穀梁傳》等等，這些都有記述。如何來看一個人的吉凶禍福？了凡說：

【其過於厚者常獲福，過於薄者常近禍，俗眼多翳，謂有未定而不可測者。】

所以怎樣看一個人將來的福報？「過於厚者常獲福」，一個人的心地善良、厚道，為人處事、待人都很厚道的，這種人將來就有福。他能夠處處替人著想、關懷別人、愛護別人，那麼別人也都會處處為他著想，都會關懷他、愛護他，所以他的朋友就多，幫助他的貴人也就多，當然他就會有福。「過於薄者常近禍」，為人輕薄的，只注重眼前利益，眼光短淺，不能容人，心量窄小，這樣是薄福之相，他的福報一定很小，而且會常常招來禍害。為什麼？因為他如此地待人，人家怎麼可能善待他？所以他的冤親債主就會很多。恩師他老人家經常教導我們，要存好心、說好話、行好事、做好人，做到這四好，就是培養自己的厚福。現在恩師提倡，我們淨宗學人在一年之內要落實五個科目，就是要尊重別人、愛護別人、關懷別人、幫助別人、照顧別人，要這樣去做才是培養厚福。下面講：

【至誠合天，福之將至，觀其善而必先知之矣。禍之將至，觀其不善而必先知之矣。】

禍福都是可以預知，我們說都可以預測，從哪裡預測？看一個人的心地、看一個人的所作所為就能預測。「至誠合天」，當我們的心地達到至誠的時候，也就是心裡面沒有執著，沒有妄想分別，起心動念都合乎自然的法則，沒有任何的私心雜念夾雜在裡面。有這樣的一顆心，那是我們至誠的心出來了，就能夠體察吉凶禍福的預兆。

所以「福之將至」，我們看一個人，他的福快來的時候，「觀其善而必先知之矣」，你看他這個人心善、言善、行善，一切都是善的，很厚道的人，你就知道他的福就不遠了。

「禍之將至」，怎樣預測一個人會有禍害？「觀其不善而必先知之矣」，如果你看這個人言行不善、心地不善、自私自利、損人利己，你就知道他沒有多久將會有禍患了，天災人禍就會降臨。我們看人如此，看這個世界也如此。人有命運，世也有世運。你看這世界上普天下的人，造惡的多，造善的少。真正的善人是無私、無欲，全心全意為人民服務的人，就像我們恩師這樣，毫無私心雜念，一心一意弘揚正法、利益眾生、幫助社會、化解衝突、和諧世界，可是不少人看見他覺得好奇怪，沒見過這樣的人。他的這種行為，現在都沒有什麼人理解了。這說明什麼？現在不善的人太多了，善的人太少了。有一個人做善，大家看了都覺得奇怪，覺得不可思議。看到這樣的現象，我們就能夠猜想到，這個世界的災難一定不遠了。「禍之將至，觀其不善而必先知之矣」，我們大概能夠推斷，能夠知道，天災人禍，將來可能會愈來愈頻繁。怎麼救？唯有依靠聖賢教育，大力地去推動倫理、道德、因果、聖哲的教育，讓大家從造惡回頭，轉不善為善才能改變世運，要不然沒有辦法。

在去年，恩師也勸導我走聖賢教育之路，說走這條路最光明。真正要發心利益社會，這條路最殊勝，效果最好，自己要做出犧牲。因為跟著恩師學習也有十年了，聽經聞法，雖然不能有大悟，還算是有些小悟，能夠明白一點。所以恩師一鼓勵，我就決定放下昆士蘭大學教授的工作。真正「為往聖繼絕學，為天下開太平」，效仿古人的存心。現在沒有學問沒有能力怎麼辦？重新做一名學子。所以從教授的講台上下來，又當了一名學生。發心跟著恩師學十年，十年寒窗，希望將來能夠有所成就，能夠真正利益社會、挽救世運。了凡先生在這裡就說：

【今欲獲福而遠禍，未論行善，先須改過。】

我們真正想改造自己的命運，也幫助這個世界改造世運，挽救世道人心，光修善不夠，更重要的是要改過。所以「今欲獲福而遠禍」，希望我們能夠獲得福報，自己獲得福報，世界的蒼生、天下蒼生獲得福報，要遠離災禍，「未論行善，先須改過」。在沒有行善之前，先要把改過的道理講清楚，如果大家不造業了，這才能改得過來。了凡先生繼續說：

【但改過者，第一，要發恥心。】

改過，他講要發三種心。第一是恥心，第二是畏心，第三是勇心。恥心就是羞恥之心，畏心就是畏懼之心，勇心是勇猛之心。有這三種心，改過就徹底了。什麼叫作恥心？

【思古之聖賢，與我同為丈夫，彼何以百世可師？我何以一身瓦裂？耽染塵情，私行不義，謂人不知，傲然無愧，將日淪於禽獸而不自知矣；世之可羞可恥者，莫大乎此。】

這是講改過要先發羞恥之心。為什麼？我們要想想古來的聖賢，你看孔子、孟子、釋迦牟尼佛，他們跟我們本來是平等的，「與我同為丈夫」，都是大丈夫。佛在經裡面講得更清楚，「一切眾生皆有如來智慧德相」，每一個眾生，包括我們每一個凡夫都有如來智慧德相，跟佛是平等的，本來是佛。「彼何以百世可師」？他為什麼成為萬世師表、至聖先師，成為令人景仰的佛菩薩？我「何以一身瓦裂」？我為什麼會變得像一個破碎的陶器，一身瓦裂，一文不值？這是因為我們「耽染塵情，私行不義」，「耽染塵情」的耽就是過分，染上了一些社會上的習氣毛病，重情欲；「私行不義」，在私下裡做一些不如理、不如法的事情，這都是我們的惡習性，把我們善良的本性給覆蓋了。其實我們本來是佛，本來跟孔子、孟子一樣「百世可師」，現在變成一身瓦裂，這是令人羞恥的事，所以要改過。如果我們真正明白了「命由我作，福自己求」的道理，願意發心重新改造命運，打造一個幸福美滿的人生，那麼第一步就是改過。了凡先生在改過方面很有體會，他給我們講了改過的方法，就是要發三種心：第一要發恥心，第二要發畏心，第三要發勇心。

為什麼要發羞恥之心？因為古來的聖賢，像孔子、孟子、老子、釋迦牟尼佛這些聖賢，跟我們本性是一樣的，都是「人之初，性本善」。這種本善是絕對的善，不是建立在善惡相對概念上的善，我們把這種本善稱為「純淨純善」。佛在經裡告訴我們，「一切眾生皆有如來智慧德相」。我們凡夫既然跟如來、跟佛一樣，都有如來的智慧德相，圓滿的智慧，圓滿的德相，我們都俱足，一點都沒有比佛少，那為什麼「彼何以百世可師，我何以一身瓦裂？」為什麼他們能夠稱為佛、稱為世尊？這是世間最尊貴的，我們稱為「天人師」。不僅現世是天人師，而且能堪為千秋萬代的師表，「百世可師」。我們把中國的聖賢孔老夫子，也稱為「萬世師表」。為什麼他們能做到？而我們想想自己一身的習氣毛病，想要做善事、起善念，但是卻不管怎麼都發不出這種真誠心，一天到晚都生活在煩惱痛苦當中。「一身瓦裂」這是比喻我們痛苦、煩惱的生活。

下面就把原因告訴我們了，為什麼有這麼大的區別？本性上雖然相同，但是受用上有非常大的區別，這是因為我們「耽染塵情，私行不義」。就是指過分地染濁於五欲六塵的享受，被情欲所迷。自己「私行不義」，不義就是不應該做的事情，不如理、不如法的事情，我們常常在犯。儒家講的八德、十義我們沒有遵守；佛家講的五戒十善我們沒有遵守，這都是不義。這個私，就是講我們，尤其是在獨處的時候，沒人覺察的時候就放肆。「謂人不知，傲然無愧」，做了不義的事情、心行不善，以為別人不知道，自己竟然還「傲然無愧」。傲然是驕慢的樣子。無慚不愧，沒有羞恥心，沒有慚愧心，這是迷得很深的現象。常言道「若要人不知，除非己莫為」。哪裡有可能我們做了不義的事情，還沒有人知道？我們做的事情，哪怕是暫時別人不知道，時間長了人家也能看出來。而自己做了錯事，竟然不生慚愧心。慚就是自己受良心的責備；愧是恥於社會輿論的制裁。如果這些都不怕，那麼臉皮會愈來愈厚，心也會愈來愈黑，人也會一天一天地墮落，不肯回頭。「將日淪於禽獸而不自知矣」，一天一天都變成像禽獸一樣了。人跟禽獸有什麼區別？人懂得禮義廉恥，做了錯事還懂得回頭，懂得改過，有慚愧心，而禽獸沒有。禽獸，我們說是屬於惡道，這裡是代表三惡道。如果我們不肯改過，一天一天地往那裡走，就會走到三惡道去。

現在我們聽到正法，接受了聖賢教育，肯不肯回頭？知道自己的過失，願不願意改？古德講，「人身難得，佛法難聞」。假如這一生遇到了正法，還不肯真正依教奉行，把這一生大好的光陰錯過，那麼到臨終時就會悔之晚矣。所以你看看原來都有本性本善，原來都有如來的智慧德相，而現在竟然淪落到這般地步。「世之可羞可恥者，莫大乎此」，這是最令我們羞恥的。

所以我們學佛的人、接受聖賢教育的人，首先要有羞恥心，時時處處警醒自己，要給世人做個好榜樣。常常反思，有沒有按照佛的教誨去做人、去行事。如果還違背佛的教誨，甚至連一般的世間人都不如，這就是有辱我們的師門，給佛菩薩臉上抹黑了，那我們自己就更應感到羞恥。所以常常有這種心，就能夠進步。所以：

【孟子曰：恥之於人大矣。以其得之則聖賢，失之則禽獸耳。此改過之要機也。】

羞恥之心對人非常重要，能幫助我們進德修業。佛門裡把慚愧心稱為善心所，就是善良的心。有慚愧心，這人就有救了；不懂得慚愧的人，總認為自己做得對，認為自己心裡想的是對的，這種人就沒救了。儒家也說「知恥近乎勇」。真正知道自己的過失，這叫知恥，這就是勇，勇敢的勇，這就是英雄好漢。能上陣殺敵，也不一定能成為偉大的人。真正能夠把自己的煩惱、習氣、過失降服住，能改正過來，這種人才偉大，才是真正的勇士。

你看在佛教的寺院裡面，他們的大殿一般都叫作大雄寶殿。大雄就是指大英雄。殿裡面供奉的本師釋迦牟尼佛，供養的諸佛如來，他們才是真正的大英雄。為什麼？因為他們完全降伏了煩惱，真正做到了「煩惱無盡誓願斷」，徹底斷除了煩惱，這些才是真正的英雄。所以「得之則聖賢，失之則禽獸」，我們真正有羞恥心的，就是向聖賢的境界邁進。如果沒有羞恥之心，那麼就是向三惡道邁進。所以這是改過的一個重要訣竅。第一個要發的心，就是知恥心。

改過還要發的第二個心，就是：

【要發畏心。天地在上，鬼神難欺，吾雖過在隱微，而天地鬼神，實鑒臨之，重則降之百殃，輕則損其現福，吾何可以不懼？】

這是講改過要發畏懼之心，畏就是害怕，怕什麼？就像我們犯了過失，怕別人恥笑我、指責我，這就是畏懼心。雖然人看不見，但是有良知在，知道「天地在上，鬼神難欺」，我們怎麼可能不生敬畏之心？

當我們獨處的時候，不要以為做了壞事沒人知道，好像是神不知鬼不覺的。但是「若要人不知，除非己莫為」，「鬼神難欺」。所以古德告誡我們在幽居獨處的時候，都要如十目所視、十手所指。十隻眼睛看著你，十個手指指著你，大家都看著你。真有這樣的畏懼之心，那就不敢造惡業了。哪怕是起心動念，都很謹慎、很防範。為什麼？鬼神他能心通，他能知道我們心裡想的是什麼。所以「吾雖過在隱微，而天地鬼神，實鑒臨之」。我雖然只是做了很小的惡，但是天地鬼神都在鑒察我們，發現我們做了過失、犯了罪業，就要給我們懲罰。「重則降之百殃，輕則損其現福，吾何可以不懼」，我們造的業，犯的過失，如果是重的，就會招感很重的災殃；如果是犯了輕的過失，我們的福報就會被減損，所以怎麼可以造惡業？下面經文繼續說：

【不惟是也。閑居之地，指視昭然，吾雖掩之甚密，文之甚巧，而肺肝早露，終難自欺，被人覷破，不值一文矣，烏得不懍懍？】

在「閑居之地」，就是我們一般說的，在家居這些場所，「指視昭然」，都有很多人會看著我們，都知道我們在做什麼，他們會聽到我們的講話。「吾雖掩之甚密，文之甚巧」，我們雖然很能掩蓋我們的過失，而且能夠把這些過錯掩飾得很巧妙，真的是很難看得出來。可是，「而肺肝早露，終難自欺」。瞞人家能瞞得了多久？真正有學問、有道德的人，你騙不了他們。他們從你的眼神、形態，從你說話的表情就能看出來，你心裡面是不是有鬼，很容易就會被他們覺察。你想欺騙人，那真的是叫自欺欺人。更何況被人看破的時候，不僅是有學問、有道德的人，能夠一眼看穿你，哪怕是一般人，時間久了他們也能看穿我們。被看穿了之後，真是不值一文了！你那些謊言、裝模作樣的偽君子的形象，被人看穿後，就不值一文了。所以「烏得不懍懍」，怎麼能夠不害怕？「懍懍」就是害怕的樣子。所以我們每個人起心動念、言語造作都要本著我們的良心，用我們的真誠心去行善，不可以裝模作樣。

我們現在學佛的人，人家也知道我們在學佛法，是不是能搖身一變，就變成一個善人了，就變成一個正人君子了，還是用學佛這個幌子來掩飾自己的這些過惡？那將是罪上加罪！被人看破的時候，不僅使自己不值一文，而且還損害了佛法的形象。別人看見學佛的人就是這個樣子，都是偽君子，這就是在破壞佛法形象，造無量罪業。所以學佛一定要用真心，對自己的過失要真正努力去改。不僅對自己的過失不能夠隱瞞，如果是被人家看破了，要馬上承認，「對！這是我自己的過失，我確實在造惡，我現在就要好好改正」。就這樣勇於承認自己的錯誤。古人講天大的過失，當不得一個悔字，真肯悔改的，善莫大焉。別人對我的批評，對我的譴責，要樂意接受。如果他說得對，正好提醒我改過，我感恩他都來不及；如果別人說錯了，其實我並沒有這樣的過失，那是因為他不了解我，是信口開河講的，或者是言過其實，或者是惡意的誹謗，我們也絕對不要產生怨恨心，不要跟他對立。抱著「有則改之，無則加勉」的態度，為什麼？這樣正好消自己的業障。下面經文講：

【不惟是也。一息尚存，彌天之惡，猶可悔改；古人有一生作惡，臨死悔悟，發一善念，遂得善終者。】

別人你瞞不了，最重要的是不可以欺瞞自己。「一息尚存」的時候，只要這一口氣還在，還沒死，那麼「彌天之惡，猶可悔改」，哪怕是再大的過失、罪惡，都還有機會悔改，所以改過是最難能可貴的。如果是不肯悔改的人，那就真的是沒救了。所以不要看那個人是個大善人，捐款捐得很多，很有名氣，也學佛了，可是怎麼到最後卻死得這麼慘，我們的信心都動搖了，他得這樣的果報其實必有其因。什麼原因？其實古聖先賢給我們講得很清楚，如果他的這些過失不肯悔改。雖然他也造善業、修善修福，甚至學佛，也皈依了，但是他沒有真正去懺悔，沒有真正改過，甚至連懺悔心都沒有，那就沒救了。到他死期來臨的時候，真的是要隨業流轉，該怎麼生死就怎麼生死。

現前我們看到的例子也不少，而且都是觸目驚心的例子。所以回過頭來想一想，假如我到死期的時候，我會怎麼辦。如果現在不改過，這一口氣不來，就悔之晚矣！只要還存在這一口氣，發真心改過，就來得及。

經文講，「古人有一生作惡，臨死悔悟，發一善念，遂得善終者」。我們知道經上有這樣的例子。這是《觀無量壽佛經》上給我們講的故事。佛在世時有一個阿闍世王，他邪知邪見，跟提婆達多勾結在一起。提婆達多是佛的出家弟子，但是他背師叛道，自己要當新佛，想把佛害死，破和合僧。阿闍世王就跟提婆達多一起造惡，因為他想做國王，所以兩個人密謀，把自己的父王殺害了，還把自己的母親幽禁起來，而且也要迫害她。所以阿闍世王殺父害母，跟提婆達多一起造的是五逆十惡的罪業。這是破和合僧、出佛身血的罪，這個業造得太重了，破和合僧、出佛身血，這都是地獄的罪報。提婆達多此生就墮地獄了，後來阿闍世王知道自己完全做錯了，他就懺悔，真心地悔過。佛教導他唸佛求生淨土，於是他真誠懺悔業障，一心一意求生西方極樂世界，這是大善。結果他最後往生到極樂世界，還是上品中生，這個果位很高，他得到善終了。古人這種例子很多。你看張善和是宰牛的，他宰了一輩子牛，最後臨終的時候遇到出家人為他說法。他自己也懺悔殺業，回心轉意、唸佛求生淨土，最後也得生了。所以關鍵是我們肯不肯回頭。下面經文講：

【謂一念猛厲，足以滌百年之惡也。譬如千年幽谷，一燈才照，則千年之暗俱除。故過不論久近，惟以改為貴。但塵世無常，肉身易殞，一息不屬，欲改無由矣。】

為什麼能夠在臨終的時候，一念迴光返照就能得善終？這是因為這一念很猛厲，很至誠，真誠心到達了極處。這種至誠的善念，就可以「滌百年之惡」。造作的惡業雖然很多、很重，但是只要一念懺悔、回頭，這個念又很精純，就可以消百年惡業。經上告訴我們，至誠懇切念一句阿彌陀佛，可以消八萬大劫的生死重罪。就是因為這一念很真誠，念頭裡沒有任何的妄想、分別、執著，全身心投入到這個善念裡面。自己有這種真誠的善念，必定感得阿彌陀佛威神願力的加持。阿彌陀佛是應，所以能夠幫助我們消很重的罪業。這個道理是什麼？「譬如千年幽谷，一燈才照，則千年之暗俱除」。這是用千年的幽谷作比喻，我們說的巖洞，那種鐘乳石洞，那真是千年的幽暗。假如你提了一盞油燈進去了，這一燈才照，千年的黑暗都祛除了。這是比喻我們一念的迴光返照，升起善念，就有如明燈把這些黑暗（黑暗代表罪業）都祛除了。這個燈是什麼？就是智慧，就是覺悟。真正覺悟了，就回頭了。如果不肯回頭，那你還沒覺悟，所以覺悟很重要，覺悟的人一定會主動懺悔罪業。

我們知道自己的生命很短暫。佛在《八大人覺經》裡面給我們講「世間無常，國土危脆」。我們這個身體不知道在世間能夠待多久，所以一定要認真努力改過。「故過不論久近，惟以改為貴」，能夠改過了，不管那個過失有多大，你能改就是可貴。如果不肯改，「但塵世無常，肉身易殞」，我們確實不知道自己的身體在世間能夠保留多久，這一口氣不來就是隔世了，我們的肉身就沒有了，就損壞了。「一息不屬」這一口氣回不來了，那你的生命就結束了，「欲改無由矣」，你再想改，都沒有機會了。所以下面講：

【明則千百年擔負惡名，雖孝子慈孫，不能洗滌；幽則千百劫沉淪獄報，雖聖賢佛菩薩，不能援引，烏得不畏？】

這個果報有陽世的，有陰間的。陽世的果報是什麼？「明則千百年擔負惡名」，像秦檜殺害忠臣，把岳飛給謀害了。從宋朝到今天，你看歷代多少人看見他的像，提起他的名字都唾罵，這是「千百年擔負惡名」。「雖孝子慈孫，不能洗滌」，哪怕你家裡出了孝子賢孫，也沒有辦法澄清你的罪惡。如果真正是造了惡業的，說老實話，家裡也不可能出孝子慈孫。「幽則千百劫沉淪獄報」，幽就是陰間的惡報。

「雖聖賢佛菩薩，不能援引」，哪怕是聖賢、佛菩薩來救你，能不能救？也救不了！為什麼救不了？因為你不肯回頭，你不肯懺悔業障！大家可以體會一下，我們是在重病的時候容易懺悔，容易改過自新修善，還是在清醒的時候容易懺悔和改過。古德告誡我們，在清醒、健康的時候工夫用得上十分，在夢中才能夠用得上一分；在夢中用得上十分，在大病當中才能用得上一分；在病中用得上十分，在死之前才能夠用得上一分。所以如果我們平時不好好地積功累德，等到臨死的時候，那就更難了。死了以後，那真的是難上加難啊！

但是我們也要懂得，雖然我們造惡業、受惡報，或者墮到了惡道裡面受苦，可是佛菩薩會不會捨棄我們？佛菩薩是不會捨棄我們的。生生世世佛菩薩都在保佑我們、加持我們，等待我們的回頭，一有機會就教化我們。所以我們這一生又遇到了佛法、接觸到聖教了，那都是佛菩薩的威神力加持，佛菩薩是生生世世照顧我們，真的比父母恩德還要大。父母對我們的恩德是一生一世，佛菩薩對我們的恩德卻是生生世世。真正明瞭了，我們必須改過自新，要不然真的是對不起佛菩薩。第三個改過：

【須發勇心。人不改過，多是因循退縮，吾須奮然振作，不用遲疑，不煩等待。小者如芒刺在肉，速與抉剔；大者如毒蛇嚙指，速與斬除，無絲毫凝滯，此風雷之所以為益也。】

這是教導我們，改過要發的第三個心是「勇猛心」。如果我們勇猛精進地改過，就沒有改不了的。人不改過，原因都是「因循退縮」。因循就是得過且過、馬馬虎虎、放任自流，對自己不認真、不嚴肅，而且還退縮，知難而退。「因循退縮」就很難改正自己的習氣毛病，所以真正要改過，一定要發心勇猛精進。「吾須奮然振作」，要發奮起來、振作起來，「不用遲疑，不煩等待」，不能夠遲疑。譬如像我們改過，可能想這個過失好像現在不用改，也沒有什麼大的關係，再遲一點也沒問題；或者是懷疑自己，過失能不能真的改過來？譬如說抽菸，自己很想改正這個陋習，但是遲遲疑疑就是不肯行動，那怎麼能改正過來？還有的是在等待，等著將來再改，如果存在著這些心，那麼過失就很難改。

真正能發勇猛精進心，《了凡四訓》裡面用了兩個比喻。他說對小的過失，「小者如芒刺在肉，速與抉剔」。小刺扎在肉裡面，我們都有過這種經驗，刺扎在肉裡面很難受，要趕緊拿東西把它挑出來。這就是比喻我們改過，哪怕是再小的過失，我們看見了心裡都不好受，馬上就要把它改過來。「大者如毒蛇嚙指，速與斬除」，我們大的毛病、過失就好像一條毒蛇咬了我們的手指，這個毒會隨著血液攻到心，那麼我們就沒命了。所以，這個時候就要當機立斷，拿起刀來馬上把自己的手指砍斷，不能夠有絲毫的遲疑和等待。因為一遲疑了，血液回到心臟，人就沒命了。這個時候一定要咬緊牙，犧牲小的、保全大的，不能有絲毫的猶豫。「凝滯」就是猶豫。這就是《易經》上所說的「此風雷之所以為益也」。《易經》上有一個「風雷，益」卦，就是表示在春天風吹雷動，萬物開始生長，這是個好現象。「風雷」就是代表當機立斷。我們改過就要這麼勇猛，只要發現了自己的習氣毛病，絕不可以姑息、縱容。今天發現過失，今天就要把它改過來，明天不可再犯。這就是發勇猛心。

【具是三心，則有過斯改，春冰遇日，何患不消乎？】

真正發起這三種心，知恥、畏懼、勇猛，那麼改過就容易了。就像春天的冰，被太陽一曬，就融化了。所以過失統統都能改過來；改不過來的，是我們的心還沒真的發出來。

【然人之過，有從事上改者，有從理上改者，有從心上改者；工夫不同，效驗亦異。如前日殺生，今戒不殺，前日怒詈，今戒不怒；此就其事而改之者也。強制於外，其難百倍，且病根終在，東滅西生，非究竟廓然之道也。】

這是講改過可以從事上改，可以從理上改，可以從心上改，從這三個方面下手。用的工夫不同，效果就不一樣。從事上改的工夫，就是初學人所用的工夫；從理上去改就比較容易；從心上改，這是最高的工夫。那麼我們來具體看看，這三個方面來如何去用功。

了凡先生舉了兩個例子來跟我們講述，怎麼樣從事上改。他說「如前日殺生，今戒不殺」。這是講殺生、造殺業，也就是造惡業。在《佛說十善業道經》裡面，把殺生作為第一惡。殺生一般都是因為吃，為飽自己的口腹之欲，而去殺害眾生生命，和眾生結了惡緣。古人講，「欲知世上刀兵劫，但聽屠門夜半聲」。世上的刀兵劫，就是戰爭。我們知道殺生不好，那就要把它戒掉。從事上改，就是如果過去我殺生、吃肉了，現在我戒掉，忍住再也不殺了，知道殺生不好，所以我就不殺了；看見那些眾生肉，我們也不吃了。這就是從事上改。

另外一個例子就是「前日怒詈，今戒不怒」，這是講發脾氣。《佛說十善業道經》裡面，把這個惡算作意惡。貪嗔癡，嗔是最嚴重的惡，爆發起來很猛烈。過去常常發脾氣、常常看人看不順眼、常常罵人，現在忍住了，不再發脾氣，不再罵人了，這是從事上改。這種在事上而改的，用的工夫比較笨拙，很辛苦。所謂「強制於外，其難百倍」，這是用硬忍的工夫。譬如說殺生，這是貪愛，因為想吃它的肉，就要動刀子殺它。一想不行，我不能殺它，就忍住了。「怒詈」，這也是不容易忍。看不順眼的就要發脾氣，現在強忍著心中的怒火；或者聽到別人誹謗我，脾氣就起來了。剛起來的時候，想到不能發怒，就把它強忍下去。

這種強忍，很不容易。我們說忍耐都是有限度的，因為我們不明白道理，硬忍總是會到達一個飽和點，到極限了，最後還會爆發。所以他說「且病根終在，東滅西生」。忍得了今天，忍不了明天；這件事情能忍，那件事情又不能忍。所以「非究竟廓然之道也」。這樣用工夫就比較笨拙，不能夠徹底地拔出我們的病根，所以往往效果並不是非常好。但是我們知道，事實上忍這是用功的下手處，不要說這是一個笨工夫，我們就不從這裡下這個工夫了，就想投機取巧，那你根本就沒辦法改過。所以我們真正想學聖道的，要從哪裡做起？要從持戒開始做起。

由戒而生定，由定而生慧。在戒的基礎上，產生了定和慧，那過失就不容易起來了。但是在戒上一定要下真工夫。下面講在事上改過的同時，也要把工夫提升。

【善改過者，未禁其事，先明其理。】

我們講的是從理上改過，就是先要明白，為什麼要改過？這個過失我為什麼不能犯？你明白了，就不去做了。我的恩師常常引用他學佛的第一個老師章嘉大師的話，大師說佛法是知難行易。你知道很難、能懂得這事很難，但是你真正明白道理了、真懂得了，做起來就很容易了。所以改過並不是難事，難在我們不明白道理，了解得不夠深刻。所以聽經聞法就很重要，聽經聞法可以幫助我們明白道理。所以想改過，首先要明理。這裡用殺生和怒詈這兩個過失來做例子。關鍵是我們透過這個例子來舉一反三，對於其他的過失，我們也要懂得明理而改過。

【如過在殺生，即思曰：上帝好生，物皆戀命，殺彼養己，豈能自安？】

他說當我們犯殺生這種過失的時候，馬上要提起正思維，想到上天有好生之德，一切動物都愛惜自己的生命，跟我們人沒有什麼兩樣。凡是動物都是貪生怕死。所以「殺彼養己，豈能自安」？為了養活自己，滿足自己的口欲，而去殺害動物，於心何忍？《弟子規》上講「天同覆，地同載」，我們同樣都是生活在天地之間，為什麼要殺害它們，而養活我們自己？

【且彼之殺也，既受屠割，復入鼎鑊，種種痛苦，徹入骨髓。】

你想想殺害一隻動物的時候，譬如説宰一隻雞。過去我看到過家裡人宰雞，確實是很可怕。要把雞脖子上的毛拔掉一部分，然後把雞脖子割斷，把血放出來，雞一直都在拚命掙扎，把血放完了之後，氣還沒斷，就把它放到熱水裡面去煮，煮了之後再拔毛。「既受屠割，復入鼎鑊」。當動物被宰、被割、被煮的時候，「種種痛苦，徹入骨髓」。那種痛苦，我們想像得出來，真的是入骨髓了！你想想假如我是那只雞的話，會怎麼辦？這種痛苦，我能不能忍受？既然我不願意這樣痛苦，為什麼讓人家這樣痛苦？「己所不欲，勿施於人」。下面：

【己之養也，珍膏羅列，食過即空，蔬食菜羹，盡可充腹，何必戕彼之生，損己之福哉？】

我們吃的，不一定追求把山珍海味和一些肉食擺在我們面前，然後一口氣把它吃完。「食過即空」，這些肉食即使再美味，吃到嘴裡，過了喉嚨，到下面就都一樣了，什麼味道都沒有了，其實只是你那三寸的舌頭能嘗到味道。食過就空，然後就排洩出來了。那麼你吃素不是也一樣嗎？「蔬食菜羹，盡可充腹」，吃素食也能飽我們的肚子，而且素食的營養也很不錯，我自己吃素已經十三年了，身體很健康，自從吃素以後就再也沒去過醫院。沒得過大病，小感冒那些都不算什麼病，也不用去看醫生，喝點水、多休息就能好。素食真是很健康。你看我們的恩師吃素已經有五十六年了，現在八十多歲，哪一位老人能趕得上他的身體狀況？吃肉食的人到晚年都是百病纏身、老態龍鐘，不是關節炎，就是糖尿病、腦血栓、中風，全都是這些病。為什麼會有這些病？就是吃出來的，所謂「病從口入」。

我有個親戚在西雅圖Washington大學，是華盛頓大學的醫療教授。她是專門研究心腦血管疾病，而且是位世界比較著名的專家。有一次我們去她那裡走訪。閑聊起來時，她告訴我現在心腦血管、腦血栓、中風這些病，已經成為人類健康的第一殺手。患這些病而死亡的人，已經是最多的了。根本原因在哪，她告訴我就是吃肉，動物蛋白、脂肪攝取太多。她不是學佛的，只是從醫學的角度發現這個問題。所以肉食對身體沒有益處，素食才會令人健康長壽。吃素不僅可以充腹，還能讓人健康。

「何必戕彼之生，損己之福哉」。我們要吃肉，必定就要殺生。因為吃肉，到了晚年會患病，還痛苦，你何必還要去殺它、讓它痛苦，自己又造業，損自己的福報，這是愚癡的人才幹的事情。總在於自己忍不住口欲，其實只要把道理想明白了，知道口欲是你的妄念，只要把這個妄念放下就行了。再想想：

【又思血氣之屬，皆含靈知，既有靈知，皆我一體。】

又想到這些「血氣之屬」，就是這些動物。它們都有靈知，都有靈性。當你愛護小動物的時候，它真的很願意親近你；你要是對它惡意相向，要趕走它的時候，它真的很害怕你。這是什麼？它有靈知。你傷害它的時候，它就會痛苦。這在靈知上講，就是我們的靈性是沒有界限的，動物有，我們也有，一切眾生都有！佛法裡面講得更清楚，「三世諸佛，同一心性」。這是講在靈性、心性的角度上看，三世諸佛：就是指現在已成的佛、過去的佛，還有未來佛(未來佛就是我們六道眾生、還沒有成佛的，未來成佛的)，所有眾生都是同一心性。我們的靈性都是相同的。

「既有靈知，皆我一體」，我們的靈性相同，在靈性的角度上看，我們是一體的。靈性，在佛法裡稱為自性。它是宇宙萬物的本體，能生萬法。我們所有的眾生都是自性所現的相。要知道真正的我，就是我們的自性，所有眾生「同一個我」。我們這些眾生不同的現相，就好比一個人身體上不同的細胞而已。細胞與細胞之間要和睦，不能夠打架，不能夠你吃我、我吃你。所以：

【縱不能躬修至德，使之尊我親我，豈可日戕物命，使之仇我憾我於無窮也？】

這些心性上同體的眾生，我們要怎樣對待它們呢？要用我們的愛心。對自己要「躬修至德」，修養自己的德行，才能讓眾生尊敬我、親近我。如果這一點都沒能做到，應該生慚愧心。「豈可日戕物命」，怎能每天還要殺生害命。為了滿足自己的口欲，把自己的快樂建立在別人的痛苦之上。「使之仇我憾我」，跟別人、跟這些眾生結下了不解的冤仇。

所以我們真正覺悟的人，希望這一生不再做六道輪迴，就要從斷惡業開始，先修十善業。十善業就是不殺生、不偷盜、不邪淫、不妄語、不兩舌、不惡口、不綺語、不貪、不嗔、不癡，這叫「躬修至德」，修十善業。這樣把生生世世的宿怨，以真誠心去化解。菩提道上，才能夠一帆風順。在菩提道上，為什麼很多人有障礙？都是因為過去生中的冤親債主，絕大多數都是殺生造的惡業。假如沒有這些冤親債主，我們的菩提道一定很順利。那麼到這一生明白了，就再也不能造惡業了。用我們的真誠心學佛，冤親債主看到，他就能感動。不僅不會障礙你，還會護持你。所以想到過去沒學佛之前造的很多殺業，現在一定要補過，不僅不再造殺業了，而且要多放生。

我在二十歲出頭的時候，十多年前，那時候還在廣州中山大學念書。那時剛學佛，知道過去殺業造得很重，就開始懺悔。我們校園的北門面對的就是珠江，所以我常常去那邊放生。校園的北門旁邊有個菜市場，我常常在那個菜市場裡面買些魚、螃蟹、泥鰍等這些生靈。然後用自行車，一箱箱地把它們推到江邊去放。我一個人自己做，同宿舍裡的一個同學，看到我跑到珠江邊放生，他很好奇，有一天還跟著我來看。他不了解我為什麼會這麼做，他還笑我說，你這錢拿來放生，還不如給我買食物吃。他不懂，但是後來看到我很真誠地在做，他被感化了，以後也跟著我一箱箱地搬著去放生。這是什麼？贖罪。現在我們看到了這些被殺生的肉食，真的是為這些被殺害的眾生感到難過，也只有真誠地為它們唸佛迴向了，善哉，善哉。

【一思及此，將有對食傷心，不能下嚥者矣。】

想到這些受殺害的生靈，看到它們的屍體，想想一條魚放在盤子裡，那就是一條屍體，還忍心下筷子去吃？想到這個地方，真是「對食傷心，不能下嚥」。

所以真正明白了這個道理，改吃素食就很容易了，叫你去吃肉，你都不敢，你都不忍心了。所以對待小動物，慈悲心也一天一天地增長。學佛的進步，就是慈悲心的不斷增長。當我們慈悲心增長的時候，小動物們就不害怕我們了，甚至還會對我們很親近。像我現在的宿舍裡，每天廚房裡都有不少蟑螂。雖然房間打掃得很乾淨，但還會有蟑螂，大概是從下水道爬上來的。每天回到宿舍一開燈，發現水池裡面還有蟑螂。我就對著它們念阿彌陀佛，給它們做三皈依「皈依佛、皈依法、皈依僧」。唸的時候，它們還能靜靜地聽，唸完了它們就走了。所以這些小動物在這裡也很好，跟它們結法緣。我現在給它們唸佛、超度，將來它們因為聽佛號的功德、受三皈依的功德，可能會托生人道。將來，它們可能就是我們的聽眾。法緣是這麼建立的，所以這也是好事情。

現在我的工夫還很差，遠遠比不上印光大師。印光大師年輕的時候，家裡有很多的蟑螂、螞蟻等昆蟲。別人要打掃、清理房間，他說：「不要動它們，是我自己的德行不夠，才招惹它們來。」一到了印光大師七十歲的時候，他的房間裡一隻蚊蟲、螞蟻都沒有了。不管他到哪個地方，本來那個地方有蚊蟲、螞蟻的，只要他一到那裡住下來，這些小動物就都走了。這是至德、大德之人，所以這些小動物們都很配合、很恭敬，都不來妨礙。所以我現在開始也要試一試，到七十歲的時候，看看小動物們能不能這麼配合。下面講的：

【如前日好怒，必思曰：人有不及，情所宜矜；悖理相幹，於我何與？本無可怒者。】

這是講對治自己好怒的習氣。在理上怎麼改？要想到別人的過失，是因為他做錯了事情，你何必要發怒，何必看不順眼？人人都有可能犯過失，我自己也犯了不少過失。為什麼不認真地嚴責自己，而去苛刻地要求別人？所以「情所宜矜」，這是可以理解、可以容忍、可以原諒的。「悖理相幹」，他如果故意地誹謗我，來冒犯我，那是他不講理，是他對我不好，這是他的事情。是他做錯了，因為他不了解我，如果他了解了我，發現我並不是他想像的那麼壞，他就不會發脾氣，就不會來冒犯我。所以他來冒犯我，那是他的過失，「於我何與」，跟我不相干。再想想，如果是他誤會了我，那我自己「本無可怒者」，本來就不應該發怒，是他的錯，何必要用他的錯誤來懲罰我自己，讓自己發怒？如果想想他罵的、譭謗的，還有點道理，確實是我做得不對、做得不夠，就趕緊回頭改正自己的過失，不但不要發怒，反而還要感恩他。

如果是他說對了，那是幫我們改正過失，我們要感恩他。如果是他說錯了，那是什麼？是幫我們增長我們的修養，提升我們的境界，還是要感恩他，這都是好事情。「本無可怒者」，有什麼值得發怒的？不但不應該發怒，而且應該生感恩的心。下面：

【又思天下無自是之豪傑，亦無尤人之學問，行有不得，皆己之德未修，感未至也，吾悉以自反。】

這是講天下沒有自以為是的豪傑。真正的英雄豪傑都懂得行有不得，反求諸己。不會認為自己很了不起，也絕對不會看別人的過失，「亦無尤人之學問」。尤人，就是埋怨人、批評人。像孔子、孟子、釋迦牟尼佛，他們是真正的聖賢、豪傑，他們有沒有自以為是？有沒有批評人家？沒有。他們都很謙虛、卑下，對人也很恭敬。像孔老夫子就說他所有的教學內容都是「述而不作」，都是轉述古聖先賢的教誨，沒有自己的創作。釋迦牟尼佛說得就更徹底了，他說「如來無有法可說」，沒有說過一句法。如果誰說如來說了法，那就是謗佛。所以佛所說的是什麼？佛說的都是古佛所說的，只是現在轉述一下。你看他們沒有任何的驕傲，沒有什麼值得驕傲，「無自是之豪傑」，更沒有去怨天尤人。

現在很多的父母都說自己的小孩怎樣怎樣不好教。也有不少人來問我。怎樣把孩子教好？譬如說，孩子喜歡看電視，不肯專心致志地讀書，精力分散、生活懶散。那我們要問一問，你自己是不是愛看電視？自己是不是也很懶散？是不是讀書也不專心？我的母親過去帶我的時候，雖然那時我的年紀還很小，但是有一個很深的印象，就是我母親很喜歡讀書，讀起書來也很專心，她從來不看電視。所以她也沒特別教我不看電視，也沒有特別讓我要坐下來看書。我卻一直跟著母親，受她的潛移默化，也有愛讀書的習慣，也不迷戀電視，讀書也能專心。所以我跟很多孩子不同的地方，就是我母親從來沒有催我坐下來讀書，反而她常常催我說，讀書讀這麼久了，趕快起來運動運動、休息休息。我讀書讀得都忘了時間，中學開始就是這樣。這是為什麼？是因為受父母家教的影響，是母親的潛移默化、身教的影響。所以當我們沒有辦法教化孩子的時候，第一個需要反省的是誰？是自己。「無尤人之學問」。「行有不得，皆己之德未修」，我自己做得不夠好，或者我的真誠心不夠，不能感化對方，所以「感未至也」，這個感動力不強，效果不夠。所以「吾悉以自反」，我自己要好好反省，從自己身上找找原因。

【則毀謗之來，皆磨練玉成之地，我將歡然受賜，何怒之有？】

如果我們真正懂得使用反求諸己的這個工夫，當有毀謗來的時候，就是「磨練玉成之地」，正好是練我工夫的時候，看我的內功有多深，能不能忍受這些毀謗。真金是不怕火煉的，美玉也要經過磨練。所以毀謗來的時候，我絕對不能夠生氣，要生氣了就完了，真正忍得住，那你的能力就提升了。所以，「我將歡然受賜，何怒之有？」想到這正好是練我工夫的時候，要感恩！罵我的人，是我的老師，我要欣然「受賜」，向他合掌，感謝他的賜予。賜給我什麼？賜給我這些毀謗，讓我提升。「何怒之有？」有什麼值得我發怒的地方？想想，真的沒有，他就是我的老師。所以你練的是心胸寬廣，能夠容忍人，沒有你不能容忍的。甚至連容忍別人、原諒別人這個念頭都沒有。別說我在容忍他，我在原諒他，如果還有這個念頭。那麼這種容忍，就還不夠圓滿，工夫還沒到家。完全是什麼？自然。心裡不動這些念頭，總是高高興興，這才是回歸自然、回歸本性。下面講：

【又聞謗而不怒。雖讒焰薰天。如舉火焚空。終將自息。】

我們一般人聽到譭謗都氣得不得了，要反唇相譏，挺身而辯，要跟他論理，這個時候就上當了。有真實學問的人，聽到譭謗來了，他不會動氣。不但不動氣，念頭都不為所動，還是一天生活在快樂當中。當我們聽到別人譭謗我，惡意來造謠生事的時候，我們不上他的當，不動怒。這樣他「讒焰熏天」，譭謗再大，就算是鋪天蓋地地蓋過來，我還是如如不動。這樣，他就是「如舉火焚空，終將自息」，就像一個人拿著火把，燒這個天空、燒虛空，肯定燒不了。如果我的心像虛空一樣，「無所不包，無所不容」，他那點兒火焰，燒到最後自己就會熄滅，何必去在意？

所以，你看我們恩師忍辱的工夫真正是修到家了，這一生可以說是千錘百鍊。多少人譭謗他，但是我們的恩師都如如不動，知道自己是按照佛的教誨去做、去走，所以問心無愧。別人罵我那是他別有用心，我們不必與他計較，他是「舉火焚空，終將自息」。所以過去很多人譭謗恩師，到一定時候這些譭謗自然而然就熄滅了。最近，大陸也有人譭謗恩師。昨天晚上，恩師跟我講，說有一位居士在大陸看到一篇報導，一看是譭謗我們恩師的報導，就非常氣憤。然後把這篇報導還剪下來，傳真給恩師。恩師對我說，他把這篇報導摺起來，壓在了韋陀菩薩的相片底下，根本就不看它，說這件事情由韋陀菩薩處理，因為韋陀菩薩是護法。後來，果然有一位東天目山的居士（東天目山是韋陀菩薩道場），他晚上發夢，夢到了韋陀菩薩說這件事，他就打電話給恩師，說韋陀菩薩告訴他，說這種譭謗，是過去生中的冤親債主所為，沒多久它就熄滅了。恩師樂呵呵地告訴我，他說：「我們不理他，他罵累了就不罵了。」這句話是恩師的名言，大家可以記住，別人罵我們的時候，我們不要理他，他罵累了就不罵了。你耐心等他罵，罵累了，自然就是「舉火焚空，終將自息」，所以就等著他，直到他罵累了為止，自己的心地仍然是歡歡喜喜，這是聖賢的修養。下來看：

【聞謗而怒，雖巧心力辯，如春蠶作繭，自取纏綿；怒不惟無益，且有害也。】

如果我們聽到了譭謗，很生氣，還要跟他辯解，找出很多巧妙的理由，費盡心思去辯論。結果會怎樣？愈辯愈糟，就好比「春蠶作繭，自取纏綿」，自己捆著自己，反而顯得自己修養差。所以，「聞謗而怒」叫自尋煩惱。對待譭謗，最高的藝術就是無言以對，沈默、不理他。佛告訴弟子們，對惡意比丘就兩個字「默擯」。默擯就是沈默、不理他。這才是真正的修養。「怒不惟無益，且有害也」。我們如果忍不住發脾氣，那就被他所動了，不僅解決不了問題，反而有害。有什麼害？第一害自己，第二害別人。害自己什麼？首先，我們的身體會遭受損害。發一場脾氣，消耗的能量太大了。這個人為什麼會生病？因為他的血液裡有毒，發怒時血液裡就會有毒。所以印光大師在《文鈔》裡講了一個例子。一位剛剛發了脾氣的母親用自己的奶餵小孩子，結果小孩死了。後來一檢查，才知道小孩是中毒了。為什麼？因為吃了母親的乳汁，乳汁裡有毒。乳汁的毒哪來的？是發怒生出來的。所以發怒對身體是個很大傷害。如果人常常發脾氣，身體一定不好，而且相貌也不好，我們看到，常常發脾氣的人，是一臉的嗔恨相，臉黑黑的，看見都讓人害怕。而且對自己的德行修養，更有害，對別人也有害。如果我不發怒的話，他罵累了，也就不罵了，他停止了，就不造業了。要是你跟他對著幹，他的怨氣就會更深，冤冤相報，沒完沒了。所以，這是害人又害己的事情。了凡繼續說：

【其餘種種過惡，皆當據理思之。此理既明，過將自止。】

了解了怎樣從理上改，我們就依此類推。種種的「過惡」都要明白，為什麼不能造。把道理弄清楚了，過失就很容易改正過來。下面請看，如何從心上改。

【何謂從心而改？過有千端，惟心所造。吾心不動，過安從生？】

這是講第三個方面，從心上改過。怎麼改？「過有千端，惟心所造」，一切過失都是我們的心造出來的。歸根到柢是什麼？是自私自利的心，貪嗔癡的心。說到更徹底就是我們的妄想、分別、執著，是被這些造出來的。「吾心不動，過安從生」，如果我不起心動念，過失哪裡來？過失都是起心動念而來，假如心不動，就沒有過失。所以，我們要練習這種禪定的工夫。練習禪定的工夫，法門很多。我們學淨土宗的，就用唸佛法門。用這句佛號，把念頭止住，心定在一句佛號上。念頭才動的時候，馬上覺照。古人講「不怕念起，只怕覺遲」。你覺悟要快，慢慢能夠把念頭降伏住了，心就清淨了，你就不會再犯過失。所以：

【學者於好色、好名、好貨、好怒，種種諸惡，不必逐類尋求。】

真正想修學的人過失也很多，譬如說「好色、好名、好貨」，好貨就是貪圖物質的享受；「好怒」，就是喜歡發脾氣，這是貪嗔癡慢。種種的過惡，不必一條一條地去想我怎麼改。

【但當一心為善，正念現前，邪念自然汙染不上。如太陽當空，魍魎潛消，此精一之真傳也。】

這是講我們對於種種的過惡都不要理它，這個時候把心安住在善上。像《佛說十善業道經》裡面告訴我們，「菩薩有一法，能斷一切諸惡道苦，何等為一」，就是「晝夜常念思惟觀察善法，令諸善法念念增長，不容毫分不善間雜」。心安住在善法上，「正念現前，邪念自然汙染不上」。

我們要懂得真正要「一心為善」，最好的方法就是唸佛。一心唸佛的時候，念念都是至善，阿彌陀佛是至善。所以，任何的自私自利、名聞利養這些汙染都沾染不上，好比是「太陽當空，魍魎潛消」。魍魎，就是那些妖魔鬼怪。太陽一出來的時候，妖魔鬼怪都不見了。比喻正念現前，那些邪念就都沒有了。「此精一之真傳也」，這是什麼？這是自古以來聖賢的真傳。

改過，可以從事上改，可以從理上改，也可以從心上改，用的工夫不一樣，效果就不一樣。從事上改的那是強忍，是忍住不犯過失，但是用工夫確實很勉強、很不容易。從理上改的，是明白了為什麼要改過的道理，改起來心就舒坦，比較容易。最上乘的工夫是從心上改，從心上改就是一心為善，不讓邪念在心裡生起。下面我們繼續學習在心上改，從這段經文上面來探討。

【過由心造，亦由心改，如斬毒樹，直斷其根，奚必枝枝而伐，葉葉而摘哉？】

這是講過失都是由心造出來的，所以也要在心上去改，這是從根本上改。好比要斬除一棵毒樹，最好的方法就是直斷其根，把它的根砍斷，這棵樹就死了，何必要在樹幹上慢慢地去砍伐，或者是去摘一片一片的枝葉？這樣用功就不是從根本上去改。

【大抵最上治心，當下清淨；才動即覺，覺之即無。】

所以改過用的最上乘的工夫，就是對治自己的心念。當惡念起來的時候，這些自私自利、損人利己的念頭剛起來的時候，馬上就讓它清淨。要把這些惡念放下，回歸到善念上，回歸到清淨上面來，做到一念不生。所以念頭剛起，馬上覺察，馬上放下，這就是「才動即覺，覺之即無」。所以，關鍵的工夫就是用覺照。我們的心原本是清淨的，沒有任何的汙染。什麼叫汙染？有起心動念就是汙染。我們的真心是本自清淨，絲毫沒有起心動念，這才是我們的本來面目。現在起了念頭、有了妄念，這就叫迷。所以一迷的時候，最關鍵的要覺察，我現在心裡面起了念頭，心動了，這一動就是迷，這時候馬上覺察到，馬上就把這個念頭放下。所以古人講「不怕念起，只怕覺遲」。念頭起來這是習氣，妄想是習氣，這一動念馬上覺察。唸佛人的工夫就是在於能否提起佛號，馬上提起這句佛號，不理這些妄念，它自己就消除了。所以提起佛號的速度要快，這種修行工夫就是從心上改。心裡永遠只保持一句佛號，歷歷分明，這是最好的方法。當然要做到這種工夫是很不容易的，尤其是對初學，這確實非常難。雖然是難，但是我們也要慢慢地去做，可以在事上、理上、心上同時用功。所以這裡了凡先生說：

【苟未能然。】

就是沒有做到從心上改。

【須明理以遣之，又未能然，須隨事以禁之。】

這是告訴我們上根的人在心上改，中根的人是明理之後才改過，所以假如上根達不到，那我們至少要明白道理，改過就方便了。明白道理了，自然就放下了。譬如說我們知道造惡業會得惡報，真正明白了這個道理，怎麼還會造惡業？如果還會造惡業，就說明還沒明理。所以聽經聞法能幫助我們明理，幫助我們提升改過的工夫。下根的人連這個道理都不明白，「又未能然」，就「須隨事以禁之」。只能在事上去改正，就是嚴持戒律。雖然不懂得為什麼要持戒，持戒的道理不明白，但還是要去持。就像我們遵守法律一樣，雖然你並不是讀法律的，你不一定很了解法律的來龍去脈，但還是要執行法律，遵守法律。這是分別對上中下三根所講的，根性不同要用不同的方法。當然，我們做起來要三者混合使用，目的是只要把過失改正過來就行了。所以又說：

【以上事而兼行下功，未為失策。執下而昧上，則拙矣。】

這是講上根的人不要以為自己是上根人，從心上改就行了，下事可以不管，也可以在事上不盡職。你這樣想的話就完全錯誤了。要「以上事而兼行下功」，哪有說真正心上不起惡念的人還會造惡業？所以，如果標榜自己是上根人，所謂「酒肉穿腸過，佛祖心中留」，用這些話來自我標榜，說我現在造惡業沒關係，我心裡有佛祖就行了。你說他心裡真有佛祖嗎？假如他還殺生吃肉，他怎麼可能有佛祖的慈悲？這不等於自欺欺人嗎？這是舉一個例子來說明。如果心裡真正存著真誠清淨慈悲，就不會做那些惡事。這是要求我們不要好高騖遠，要注意打基礎，絕對要在戒律上，在《弟子規》、《太上感應篇》、《佛說十善業道經》這些基礎科目上努力落實。

「執下而昧上」，反過來說如果我們光在事相上去執著，不明白道理，也不懂得用心去改，這樣的工夫就很笨拙，也不是改過的好辦法。所以我們要改過，不僅要嚴持戒律，還需要通達這些理論、事相，這樣改起來才能圓融。以上講的是改過的方法，從事上、從理上、從心上教導我們怎麼改過。下面所說的是改過的效驗，我們怎樣檢驗自己改過的效果呢？請看經文：

【顧發願改過，明須良朋提醒，幽須鬼神證明；一心懺悔，晝夜不懈，經一七，二七，以至一月，二月，三月，必有效驗。】

這個「顧」字是但是的意思。這是話鋒一轉說發願改過，除了自己要下工夫以外，還需要有「良朋提醒」。這是說真正要有善友幫助我們改過，提醒我們。「幽須鬼神證明」，這是說你也需要和鬼神有感應，需要他們的護持。這種提醒確實非常重要，因為我們的習氣毛病是無始劫以來養成的，要把它一下子改過來，很不容易。所以在修行的道路上有幾位善友、志同道合的人一起修學，互相勉勵，互相提醒鞭策，這是莫大的福報。當然這是可遇而不可求的，是多生多劫的因緣促成的。假如我們自己遇不到善友，自己就要想方設法，自己提醒自己。譬如說多聽經，家裡每天放恩師的講經光盤，聽經就是提醒，這是老師提醒，善友提醒。另外家裡供的佛菩薩的像，這也是提醒。佛菩薩的像都有表法的意思。譬如說本師釋迦牟尼佛，看到這尊佛像，我們就想到佛的名號釋迦牟尼。釋迦代表仁慈，牟尼代表清淨，所以這尊釋迦牟尼佛的佛像就是提醒我們要仁慈、清淨；看到觀世音菩薩像，就是提醒我們要慈悲；看到地藏王菩薩像，就是提醒我們懂得孝親尊師；看到文殊菩薩像，就是提醒我們辦事情要有智慧，懂得當機立斷，不可以感情用事；普賢菩薩的像是提醒我們要落實、實踐，大行普賢王菩薩。所有的佛像都有表法的意思，都是提醒我們的。所以，佛教裡面佛菩薩的像都是教學的工具，絕對沒有迷信的色彩。請看下面經文，他說：

【一心懺悔，晝夜不懈。】

真正改過要努力地懺悔，懺悔就是改過。懺悔絕對不是說在佛菩薩像前跪著，把自己的罪業說一遍。你說一遍就又造一遍，又在你的阿賴耶識裡面落了一次印象，這不是真懺悔。真懺悔是什麼？知道自己做錯了，以後再也不犯了。在佛菩薩像前發誓永不再造，這是真正的懺悔。晝夜都不懈怠，就是自己一天二十四小時都能夠覺照，不再犯同樣的過失。「經一七、二七」，過了一兩個禮拜。這個七是指七天。乃至一個月兩個月三個月，只要你持之以恆，不用很長的時間「必有效驗」。真正就會有效果，因為你真的是改過了。改過的現象是什麼？下面經文講：

【或覺心神恬曠，或覺智慧頓開，或處冗踏而觸念皆通，或遇怨仇而回嗔作喜，或夢吐黑物，或夢往聖先賢提攜接引，或夢飛步太虛，或夢幢幡寶蓋，種種勝事，皆過消罪滅之象也。然不得執此自高，畫而不進。】

了凡先生為我們提出了八條改過的效驗，這是了凡先生自己的經驗介紹。當然改過的效驗不只這八條，透過這八條我們可以聯想改過之後，真正覺得自己業障消除了。譬如說表現在「心神恬曠」，自己覺得精神好了。原來提不起精神，現在精神很旺盛、很充沛，而且很開朗、很歡喜。「或覺智慧頓開」，自己做事情也有智慧了。原來講話笨嘴笨舌的，現在會講話了；原來做起事來總覺得糊裡糊塗的，現在有條不紊，產生智慧了。或者是「或處冗踏而觸念皆通」，在繁雜的工作當中，原來都覺得很厭煩，思緒打不開，總覺得很不順利，現在覺得順手了。感覺做起事來有條有理，很有頭緒，不像以前那樣亂糟糟的。甚至再繁雜的工作到我手上也顯得輕而易舉了，這是業障消除的表現。或者「遇冤仇而回嗔作喜」，這是過去的一些冤家、寇仇見了面，對他們也不再怨恨，不再產生嗔恨了，見到他們也都很平淡，甚至還會生歡喜心。為什麼？你心裡的怨結打開了，怨恨化解了。他對我也如此，可能是他過去冒犯了我，看見我對他歡歡喜喜的，原諒他，不再跟他計較了，他也覺得很歡喜。這就是改過之後可以化解怨恨。

下面第五條「或夢吐黑物」，在做夢的時候發現吐出一些髒東西。這髒東西都是我們的業障，或者身上的那些骯髒的東西、疾病，在做夢的時候都吐出來了。醒來之後覺得身體輕盈、好受，這都是業障消除的表現。「或夢往聖先賢提攜接引」，可能會夢到佛菩薩，或者是儒家、道家的聖人，他們來接引我們，這是很好的感應。在我們的同學裡面都曾有很多這樣的體驗，夢到觀世音菩薩在夢裡灑楊枝甘露水澆灌你的頭，或者是夢到佛菩薩為你說法等等，這都是好的感應。但是要注意，如果夢到這些好的現象，千萬不能執著，不能夠著相。什麼叫著相？心裡以為這是好現象，就產生了傲慢心，甚至還要到處跟別人講，我見到佛菩薩了。這樣的話，好現象也變成壞現象了，本來是佛境界都變成魔境界了。為什麼？你執著了，執著就著魔了。

第七個是「或夢飛步太虛」，在夢中好像能夠任意地飛行，身體輕盈。為什麼身體輕盈？因為業障消除了，不再拖著我們，所以我們的身體就輕了，夢裡的境界其實都是現實的反映。所以我們平時覺得身體很笨重，走起路來很容易累，那是為什麼？是因為自己身上有業障，業障消除了，就會覺得身體輕盈。你看我們恩師都八十一歲了，走起路來還非常地輕。上樓梯也是又輕又快，我們年輕人得小跑追著他。這是業障消除的好現象。

下面是「或夢幢幡寶蓋」，這是種種的瑞相。譬如說夢到了佛國，甚至夢到了西方極樂世界等等。譬如說世間人夢到了天宮等，這些都是很好的徵兆。但是有了這些好的徵兆，種種的勝事，我們知道是過銷罪滅的現象，然而不能夠「執此自高，畫而不進」。假如我們執著這個境界，產生了傲慢心，這種現象反而會成為我們進步的障礙。要知道《金剛經》裡所說的「凡所有相，皆是虛妄」，這些夢中的境界更是虛妄了。平時白天的生活都是虛妄，都是夢幻泡影，更何況說是你做夢時候的現相。所以不可以放在心上，要知道最重要的就是繼續努力地修行改過。這樣就不會畫而不進。畫就是自己畫地為牢，終止進步了。古人修行改過確實是鍥而不舍的。

《了凡四訓》在這裡舉出了蘧伯玉的故事，蘧伯玉是春秋時代一位衛國的大夫，他二十歲的時候就開始用改過的工夫，每天都能夠反省自己的過失而改正。到了二十一歲，他就已經知道二十歲犯的種種過失，然後努力地改正；到了二十二歲，看到自己二十一歲那年還是很多過失，於是又努力地改正。結果一年一年這麼改，一直改到了五十歲那年，回首看看自己過去的四十九年還是有過失，就繼續不懈地努力改正。所以古人改過之學如此。古人用這種改過的工夫，那我們：

【吾輩身為凡流，過惡猬集，而回思往事，常若不見其有過者，心粗而眼翳也。】

看到古人改過的用功，回想一下我們自己比起古人差得真是太遠了。「身為凡流」，我們現在是凡夫一個。什麼叫凡夫？「過惡猬集」，過失非常多，像刺猬的刺那麼多，表示所做的惡事和犯的過失太多太多了。但是我們自己「回思往事」，竟然看不到自己有過失，這是為什麼？是因為我們「心粗而眼翳」，我們的心太粗了，也就是說我們的眼睛有障礙，翳就是障礙。就像患了白內障似的，看不清東西，也看不清自己了，所以有過失不能夠覺察。那麼這個問題就很嚴重，有過失不能改，就一步步地墮落，真的是「日淪於禽獸而不自知」，很可怕。這下面又講：

【然人之過惡深重者。】你不改過，過惡就愈來愈深重。

【亦有效驗。】怎麼看出來？

【或心神昏塞，轉頭即忘；或無事而常煩惱；或見君子而赧然消沮；或聞正論而不樂；或施惠而人反怨；或夜夢顛倒；甚則妄言失志；皆作孽之相也。】

這是告訴我們，假如我們沒有改過，繼續放縱自己的話，那麼過惡就會愈來愈重，接著會出現以下的情況，這些真是業障深重的情況。第一個「或心神昏塞，轉頭即忘」，這是說我們的精神愈來愈昏聵，總是提不起精神來，記憶力也愈來愈衰退，老記不住東西。人家說一件事，轉頭他就忘掉了。心力不集中，這是被惡業所纏。

另外一個「或無事而常煩惱」，無緣無故地自己就發脾氣。本來一個人好好的，他坐著坐著就生氣，自己煩惱得不得了，這叫自尋煩惱。「或見君子而赧然消沮」，見到正人君子、有德行有學問的人，他看到了並不高興，反而會覺得心裡非常地羞愧，或者是不喜歡。為什麼會這樣？因為自己造惡多端，不好意思去見正人君子。或者是見到正人君子，看到他們的言行跟自己完全相反，心裡就不痛快，很難接受。在正人君子面前好像渾身都不對勁，坐臥不安。

「或聞正論而不樂」，這是聽到正直的言論，古聖先賢的教誨，他就不高興，甚至會譭謗，這都是因為自己惡習氣的作用。那些正論、聖賢教誨好像都在說他的毛病，所以他不高興。像清朝本來宮廷裡面都讀佛經、講佛經，但到了慈禧太后當政的時候，她就把這個制度給廢除了，為什麼？我們猜想，大概就是因為慈禧太后聽了這些佛經，好像條條都是在批評她、罵她。所以她「聞正論而不樂」，於是就廢除了。

「或施惠而人反怨」，給別人送禮，布施物品，人家反而怨恨他，不感恩他。為什麼？這也許是自己平日造惡，人家都知道你的行持，突然之間送禮給人家，人家覺得你是不是別有用心，所以他不能接受，反而會提防你幾分。不但不會感激，還會特別留意你，看你到底要搞什麼花招，這都是自己的惡業招來的果報。「或夜夢顛倒」，晚上老是做惡夢。夢到一些不好的事情，這都是因為平日惡念太多，所以日有所思，就夜有所夢，晚上都做惡夢。

「甚則妄言失志」，造惡更甚的，他的精神都會恍惚。我們說就像得了精神病，或者是癡呆症，他「妄言失志」，講話都是亂七八糟、胡說八道、語無倫次的。精神完全不正常，這些都是「作孽之相」，都是造作惡業太多產生的現象。如果我們看到別人有這種現象，不要只是看別人，關鍵要趕緊回頭來看自己，使自己提起高度的警覺。

【苟一類此，即須奮發，舍舊圖新，幸勿自誤。】

如果我們自己有了這些現象，哪怕只是一點點這樣的現象，我們就要警覺到，是自己造惡太多了，沒有覺照，要趕緊奮發，改過自新。這個「舍舊圖新」就是改過自新。不要自己耽誤了自己，趁著現在還有時光，還有一口氣在，還沒有到臨命終時，就還來得及。改過要當機立斷，從今天開始，從現在開始。

這一篇「改過之法」，我們就學習完了。

第四部分　積善之方

改過之後，還要努力地積善，才能夠真正改造命運、營建幸福美滿的人生。接下來我們學習第三篇「積善之方」，了凡先生一開頭就引用了《易經》上的兩句話：

【易曰：「積善之家，必有餘慶。」】

後頭還有一句是「積不善之家，必有餘殃」。這裡是講積善的人家，一個善人的家庭，他們的家人老實厚道，為人心地善良，往往以後就會發達。「餘慶」就是以後的福報無窮。反過來如果是造惡的家庭，家人心地不善，就知道將來必會遭殃。我們看到社會上有不少的大富大貴者，這些富貴人家，他們的福報都很大，可是我們看到，他們並沒有去積善。那為什麼他還會有這麼大的福報？要知道這些福報都是他過去生中修來的，這一生他富貴、享福。可是一享福他就迷住了，就不知道修善、修福。他把過去修來的福報，這一生統統地消耗盡了。甚至他造惡，造惡會加速度地消滅自己的福報。你再看看他的晚年，一般這種人的晚年都會很難過，再看看他的子孫，子孫都會沒落。所以，常言說富不過三代，能有三代都是富裕的家庭，那是因為德積得厚，才會有這樣的一種福報。

了凡先生在「積善之方」這一章，一開頭給我們講了很多故事。以古今的一些案例，來為我們證明《易經》上的這句話「積善之家，必有餘慶」，啟發我們，鼓勵我們去積善修福。首先講孔子的父親，孔老夫子的父親叫叔梁紇，母親家族姓顏。當顏家準備嫁女的時候，就先去考察叔梁紇的家族，發現叔梁紇的家族歷代祖先都在修善、積德，而且這個德已經積得很綿長了。於是顏家就預料到，這個家裡將來一定會出現聖賢人，所以就把女兒嫁給了叔梁紇，後來顏氏果然生了孔子。孔老夫子能成為萬世師表、至聖先師，這都是有來歷的。

孔子最稱嘆的一位大聖人就是舜，舜的善行，最突出的就是他的大孝。從史料中可以看到舜的父母對舜很不好。舜的的親生母親很早就過世了，父親娶了一位繼母，繼母偏愛自己的孩子而迫害舜，好幾次想把舜置於死地。但是舜從來沒有把父母的這些惡念、惡行放在心裡，反而常常反省自己是哪裡做得不夠，沒有讓父母歡心，依然保持他的純孝之心。最惡劣的是，有一次父母要殺害他，讓他下井去工作，舜下到井裡以後，他的父母就把土填到井裡去，想把舜直接地埋死。幸好當時舜非常有智慧，事先在井裡就已經挖好了一條通道。他就從這條挖好的通道裡跑了出來，沒死。他的父母回到家裡，看到舜早已平安地回來了，都驚呆了。但是舜一句話不說，還是像往常一樣地孝順父母。後來，舜至誠的孝心感化了父母，感動了鄉里，而且也感動了當時的天子堯。所以堯派人請他出來幫助治理天下國家，甚至把自己的女兒嫁給他。後來堯把王位都禪讓給了舜。所以你看看舜的這種孝德，得到的福報，貴為天子，富有四海，而且子孫綿長，這都說明積善必然福報長遠。

了凡先生又引用了當時明朝一些近代的案例，以此為自己的孩子說明白，確實「積善之家，必有餘慶」。他講了十個故事。因為時間關係，我們就不讀原文了，簡單地用白話把這十個故事給大家講述一遍。

第一個故事講的是楊少師榮。這是在建寧，也就是現在的福建省建甌市的人。這位楊少師，少師是他的官位，就是太子的老師。這是三公，官爵很高的。他的家裡人原來都是以濟渡維生，也就是專門用船渡人過河的船夫。有一次下大雨，發了大水。河流漲起來了，把很多的房屋都淹沒了，甚至死了不少人。當時很多船夫乘機去撈取別人家裡沖出來的一些貨物和一些珠寶等物品。惟獨楊少師的祖父和曾祖父只顧拚命地救人，對河裡漂來的那些物品，根本沒有放在心上，一件也沒有拿。這顯示出他們那種救人的慈悲心，以及他們的清廉。當時鄉裡的人看到他們只顧救人不拿東西，都譏笑他們，說這一家人真笨。可是沒想到後來，楊少師出生以後，家裡就慢慢富裕了，你看福報開始出現了。慢慢富裕起來以後，有一天，一位神人化身為一個道者來到楊少師家裡，跟他的父親說：「你的祖父和父親積了很大的陰德，所以你的子孫將來會貴顯。你的祖父和父親應該葬在某地，那個地方風水很好。」於是楊家就把他們的祖先葬在了神人所指示的地方，這個地方當時稱為白兔墳，是一塊風水寶地，別人都沒發現。後來，果然生了楊少師。這位楊少師弱冠登第，還沒到二十歲，他就考取了進士，後來做到了太子的老師。而他的曾祖父和祖父，就是當時救人的這一對父子，也被朝廷追封為相同的官爵。所以我們從這裡看出，真的是「積善之家，必有餘慶」。他們家能有風水寶地來安葬祖先，要知道這都是自己善行的感應。如果家裡面沒有積過善，德不夠，也不可能感應到這樣的風水寶地。

所以風水從哪裡來？真是福地福人居，福人居福地。這塊地風水好，配給誰？配給有道德、曾經修過大善的人，他才能擔當得起。如果沒有這樣的大善，沒有福德的根基，風水寶地送給你都會把你壓死，不可能有真正長久的福報。所以我們曉得這個道理，重點不是要找什麼風水寶地，也不是把家居改成什麼風水好的環境，關鍵是從根本上修善修福。

第二個故事講的是鄞人楊自懲。鄞這個地方，就是指現在的浙江省寧波市。有一位楊自懲先生，他剛開始的時候只是做一個小縣吏。他存心很仁厚，而且非常守法，做人也很公平。有一次他的長官，就是縣長，在審一個囚犯的時候愈審愈來氣，就命人打這個囚犯，結果囚犯被打得血流滿地，縣令還是不息怒，還要繼續打。這時候楊自懲就起來跪在縣長的面前，哀求縣長，不能再打了，再打就出人命了。縣令就怒氣沖沖地說，「這個囚犯，簡直是太惡了。犯法，還不講道理，不打他不行。楊自懲就給縣令磕頭，哀求他說，朝廷現在很多人失了廉政，法律也並不一定公平，所以人民的信心都很渙散。如果我們抓到囚犯，應該更多地去體恤、憐憫他們，因為他們沒有受過良好的教育，犯的這些過失也情有可原。所以我們抓到他不應該歡喜，連歡喜都不可以，更何況要發怒呢？他講了這一番道理，縣長聽了之後，怒氣就消了。想一想，是啊，朝廷從上到下有很多官員都為非作歹。再想想自己，當官是不是當得很清正，是不是沒犯過失？也並不是，所以怎麼可以責人責得這麼嚴，於是就不再懲罰這個囚犯了。

你看古人提倡「作之君，作之親，作之師」，這個「君」就是領導的意思，領導就要為人民做一個好榜樣，這是「作之君」。古代把做官的人稱為父母官，就是要像父母愛自己的孩子一樣愛百姓，這是「作之親」。「作之師」就是要教化他們，不是光抓他們、懲罰他們，如果不教育他們，只是懲罰他們，這就失去了當領導的責任了。

楊自懲家裡很窮，但是這個人很慈悲。雖然家裡幾乎是一無所有，但是每逢看到囚犯們很饑餓，他總是拿出自己家裡的糧食分給這些囚犯吃。有一天來了幾個新的囚犯，是一路上長途跋涉來的，都已經是非常饑餓了，面黃肌瘦的樣子。可是這個時候楊自懲家裡又缺米，自己都不夠吃，怎麼去給這些囚犯？他就跟自己的太太商量。太太問他，這些囚犯是從哪裡來的？楊自懲說是從杭州來的，這一路上他們都已經餓壞了。結果兩個人商量之後決定，今天我們就不吃飯了，把自己家的米全部煮成粥，分給這些囚犯吃。所以你看他這種仁愛之心，真的叫捨己為人。後來楊自懲生了兩個兒子，一個叫守陳，一個叫守址，他們都當了大官，成為南北吏部侍郎。侍郎就相當於我們現在的副部長。楊自懲的長孫也做了刑部侍郎。當時的刑部，我們現在稱之為司法部，管司法的。他的第二個孫子做到了四川的廉憲，廉憲我們也可以稱之為欽差大臣，他們都是當時朝廷的名臣。一直到了凡先生那個時代，楊家還有子孫在做大官，這都是講善有善報。

了凡先生給我們講的第三個故事發生在明朝正統年間，這是明英宗時代。當時賊黨的首領叫鄧茂七，他在福建叛亂。很多的百姓不明事理，都盲目地跟從了這個賊黨，所以他們的聲勢也很浩大。當時朝廷就派兵去征討，派了張都憲，結果把賊黨打敗了。後來為了剿滅餘黨，就委任布政司謝都事，去搜殺東路的賊黨。這位謝都事，就是負責剿滅賊黨的官員，是一個很慈悲的人，他並不想濫殺無辜，所以祕密收集了賊黨的名冊，然後就把一些小旗子送到那些無辜的百姓家裡。凡是不屬於賊黨的、無辜的人都給他一面小旗，讓他們插在自家的門口。等兵到了的時候，凡是插著白旗的，我們都不動他。這樣就保護了上萬家百姓，而沒有濫殺。後來謝都事的子孫都顯貴了，他的兒子叫謝遷，中了狀元（狀元是進士的第一名），後來也當了宰相。謝都事的孫子叫謝丕，也中了探花（探花是進士的第三名）。這說明子孫貴勝，就是因為祖上積德，保全了人命，所以他能夠讓後代顯貴。

第四個故事給我們講的是莆田的林氏，莆田就在現在的福建省。有一個姓林的家族，從前有一位老母親，她樂善好施，常常蒸很多的饅頭和飯糰，就是我們現在說的饅頭或粽子，拿到屋外去布施給窮人。很多乞丐都來乞討，而且不管誰來討，都慷慨地給他，要多少就給多少，毫不吝嗇。有一位仙人，化成一個道者，每天都來討些食物。如是過了三年，這位老母親每天都高高興興地布施，臉上顯不出絲毫的厭惡，真心地布施。誠心修善，沒有絲毫的計較，這是真的不執著，這就是佛門裡講的無住布施。過了三年，仙人有一天就跟這個老母親說，你所供養的食物我已經吃了三年了，看來你是在真心地修善，你對我的恩德也很大，所以我要想想怎麼來報答你。那老母親說，不用了，我不需要你報答。仙人說，這樣吧，你的府後有一塊風水寶地，將來你走了以後，就讓你的子孫把你葬在那裡，這會使你這個家族興旺起來，將來你的子孫當官進爵的會有一升麻子之多，就是有一升的芝麻這麼多，你數數看這有多少？說完仙人就走了。林家老母過世以後，子孫就真的把老人家葬在了仙人指點的那塊空地裡。後來果然如仙人所預言的，第一代他們林家就有九人登第，考上了進士。以後一代代下來，考上舉人、進士這些功名的，還有加官進爵的，確實是不計其數。所以福建當時還有一首民謠，叫作「無林不開榜」。就是說凡是考試後開榜的時候，榜上不可能沒有林家的子孫。換句話說，每一榜上面，林家的子孫都很多。這是證明，修善真的是後福無窮。我們知道林家老母親修的這個福，福蔭子孫。她自己往生以後，去的地方就更好了。雖然她沒有唸佛，但她必定是上升至天道，在天上享福。

下面第五個故事，講的是馮琢庵太史之父。這太史就是從前的翰林，也是個大官。馮琢庵太史的父親在過去是一個秀才。有一年冬天下雪，天很冷，他的父親去上學。結果在路上，發現有一個人倒臥在雪地裡，已經凍僵了。馮琢庵的父親一看到這種情況，趕緊就把自己身上的棉襖脫下來，把這個凍僵的人裹起來，然後把他背回家裡，慢慢地把他救活了。後來有一天，他晚上做夢，夢到一位神人跟他說，你救人一命，出於至誠之心，我現在要派遣韓琦來給你做兒子。大家曉得韓琦是宋朝一位很有名的宰相，也像范仲淹一樣，出將入相。他在朝廷裡當宰相，在朝廷外又能領兵打仗，也做過元帥。結果，這位神人說要派韓琦來給他做兒子。後來果然就生了馮琢庵，因為有這個夢，他的父親給馮琢庵就起名琦，跟韓琦的名一樣，叫作馮琦，琢庵是他的字。所以馮琢庵這一世能夠這樣貴顯，都是前世有來歷。能夠來馮家投生，也是因為馮家的老父親修善積德。你看佛家講「救人一命，勝造七級浮屠」，浮屠就是佛塔。建造佛塔功德很大，造七級的佛塔，這個功德確實很大了，但是救人一命比造七級佛塔的功德還要大。這個故事告訴我們，修善積德要真正本著慈悲濟世、救人之心，這才是真正的功德。

下面一個故事講的是台州應尚書。台州是在浙江省，有一位姓應的先生，他後來做了尚書，尚書就是部長。這位應先生壯年的時候在山裡面苦讀考功名。他為人非常地正直，所以在山裡面自己一個人苦讀也不害怕。有時候在山裡面會聽到一些鬼的叫聲，讓人毛骨悚然。有一天，這位應先生正在讀書，在晚上很靜的時候，突然聽到外面有鬼叫，還有兩個鬼在講話。其中一個鬼說，明天這裡會來一個婦人，因為她的丈夫很久都沒回家了，所以公公婆婆要逼她嫁人。這個婦女很有氣節，不肯改嫁，所以明天就會來這裡上吊，我現在終於能找到替身了。因為這種自殺而死的鬼，都會找替身。通常這種自殺的鬼都很痛苦，自殺之後，他每七天就要再受一次死的苦，所以他要找替身，找了替身他才能解脫，所以現在終於有機會了。這是應先生在讀書的時候聽到兩個鬼的一段對話，但是他也不害怕，真的是心地光明，不受邪氣的影響。他就想，如果這個婦女真的要來這裡上吊，那豈不是毀了人家？所以他馬上把自己家裡的幾畝薄田賣了。賣了之後得了四兩銀子，雖然是很少的錢，但這也是他的全部家當。然後馬上偽造了一封信，是以這個婦女丈夫的口吻寫的信，連四兩銀子一起，就寄到了這個婦女家。公公婆婆拿起信一看，怎麼是自己孩子寫來的信，他並沒有死，還以為自己的孩子死了，所以要逼自己的媳婦改嫁。但是又看這封信，字跡不像是自己兒子的，正在猶豫的時候，突然又想到，字跡有假，但銀子是真的。如果不是自己的兒子還活著，怎麼可能會寄銀子回來？所以想著想著，就不再逼問媳婦改嫁了，所以這個婦女就沒有去上吊。後來兒子果然回來了，是出去做生意，做得太久，跟家裡斷了音信。回來之後，這對夫婦又能得到保全，避免了一次家庭悲劇。

這件事情發生以後，應先生還是在山裡讀書，晚上又聽到那兩個鬼在這裡講話。其中一個鬼說，我本來已經找到替身了，沒想到被這個書生壞了我的事。另外一個鬼就跟他講，那你不如去謀害他。結果那個鬼就說，我謀害不了，因為上帝知道這個書生心地很善良，救人一命，救人的家庭，所以已經給他封成尚書的命了，將來他要當尚書。現在是陰德尚書，我怎麼還敢加害於他？應先生聽到兩個鬼這麼一交談，心裡反而更生歡喜心了，就更加努力地去修善，知道善有善報，就更不害怕了，所以他是：

【善日加修，德日加厚。】

到了年荒欠收的時候，親戚有需要，他總是慷慨解囊相助，善事也都是盡量去做。

【遇有橫逆，輒返躬自責。】

甚至別人嘲笑他，惡意譭謗他，他都懂得返躬內省，絕對不會跟人家辯駁。真正做到行有不得，反求諸己，修自己的厚德。後來，果然做了尚書。而且他的子孫也有很多考上了舉人、進士，得到高官。

下面第七個故事，講的是常熟徐鳳竹栻。常熟是江蘇省的常熟市。明朝的時候，在常熟有一位徐鳳竹栻。鳳竹是這位先生的字，他的名字叫栻，徐栻字鳳竹。徐鳳竹的家裡很富裕，他的父親也是很慈悲，好善樂施。凡是遇到荒年，一些佃農欠收，他的父親總是率先在鄉里把這些田租給減免掉，當眾把這些租契撕掉，免掉大家的租，以此來倡導所有的富裕人家都這麼做，幫助老百姓。不僅減免田租，而且還把自家的糧倉打開，分糧以救濟那些貧窮的人，所以積的善德很厚。晚上大家都聽到有鬼在叫，叫什麼？就是唱歌，唱：「千不誆，萬不誆，徐家秀才做到了舉人郎。」意思是說沒有撒謊，徐家的秀才，就是徐鳳竹，將來要考上舉人。當時徐鳳竹已經是秀才了，鬼唱的歌晚上都能聽到。就在那一年，徐鳳竹果然考上了舉人，應驗了鬼唱歌的內容。鳳竹的父親知道這件事情，真有感應，所以就更加努力地積德修善，一點都不懈怠。他知道善有善報，所以勤勤懇懇去做，修橋補路，齋僧接眾，請出家人吃飯，供養三寶，另外接濟這些貧窮的人。凡是有利益眾生，利益社會的事情，他都盡力去做。後來，晚上又聽到鬼在那唱：「千不誆，萬不誆，徐家舉人，直做到都堂。」這是講，沒有騙你，徐家的舉人，就是徐鳳竹，將來一直做到都堂。都堂就是省長，是當時的江蘇省長。當時江蘇屬於兩浙地區，後來徐鳳竹果然做到了兩浙巡撫，就是兩浙的省長。這說明真正積善之家，必有餘慶，一點都不是虛假的。

第八個故事，講的是嘉興屠康僖公。說的是浙江省的嘉興市，有一位姓屠的先生，屠康僖公。他原來是刑部的一個官吏，相當於現在司法部裡面的一個官員。這個人辦事非常認真，辦案子總是勤勤懇懇、認認真真地去了解案情，常常在監獄裡面跟囚犯一起生活，了解案情。所以從囚犯那裡了解到很多案件的實際情況，知道有很多人是無辜受害的。於是就把這些情況，祕密地上報給自己的主管，就是刑部尚書。而且他自己也不居功，完全把功勞歸給自己的上司。後來進行審理，因為尚書（他的主管）已經了解了案情，所以確實讓很多人得以申冤，一下子解救了十幾個人。大家都非常地敬服。大家都稱讚刑部尚書是個清官，能夠明察秋毫，而且非常清廉。事後屠康僖公又向他的主管報告說：「您看在天子腳下，在首都都有這麼多的冤案。像其他各地，離天子更遠的地方，豈不是會有更多的冤情？所以我們是不是應該向朝廷稟奏，五年差遣一個減刑官，到全國各地去了解案件，考察實情，為那些被冤枉的人核實平反或減刑。」尚書聽到以後，覺得這個建議非常好，於是上報了皇上，皇上就批准了這個建議。於是屠康僖公也被任命為減刑官，和其他減刑官一起被派遣到各地去辦案。

後來屠康僖公夢到了一位神仙，神仙在夢裡告訴他說：「本來你命中無子，但是現在你這個減刑的建議，深合天意。上帝已經決定，賜給你三個兒子，而且這三個兒子將來都做大官，都是衣紫腰金。」都穿著紫袍。腰帶金色，就是高官。這是什麼？上天有好生之德，往往不會過嚴地責罰人，允許人悔過。如果有冤案，那更是應該平反的。所以這條建議確實是很有陰德的。結果後來這位屠康僖公的夫人真的生了三個兒子。一個叫應塤，一個叫應坤，一個叫應峻。確實，後來他們的官位都很高，真是應驗了神人在夢中的預言。這是講自己努力修善積德，子孫才能貴顯。我有什麼麼樣的存心，就能夠得到什麼樣的子孫來投生。這裡面沒有任何的偶然，完全是感應而來。

下面第九個故事講嘉興包憑。浙江嘉興地方有位包先生，包憑，字信之。包信之，他的父親是池陽太守，就是安徽省貴池這個地方的長官。當時他有七個兒子，包憑是最小的。而且跟了凡先生家族還有一些親戚關係，跟了凡先生的父親往來得很密切。包憑本人是位很有學問，又很優秀的人。大概是命中沒有科第，所以他去考試，總得不到功名，跟了凡先生是同一種命運。後來包憑就開始留心道學和佛學。有一天，包憑在泖湖這個地方遊玩，來到了當地鄉村的一家寺院。看到寺院因為年久失修，觀音像上面竟然漏雨，雨水剛好滴在了觀音像上面，讓這尊像都受了汙染，他看了於心不忍，就馬上請這個寺院的住持出來，把自己身上所有的錢，一共十兩黃金，統統贈送給這位住持，希望他能修復這座寺院。可是住持跟他講，修復寺院的工程挺浩大的，十兩黃金不夠用。包憑聽到住持這些為難的話，於是馬上把自己帶的行李統統都解開，把自己帶的那些布匹，還有七件新衣服，統統贈給住持，希望他能夠盡力地把這個工程竣工。當時跟隨包憑的一個僕從，就跟包憑說：「老爺，你不要這樣，我們把東西都給他了，那我們穿什麼？」結果包憑說，只要觀音聖像能夠得以保全無恙，他哪怕是沒衣服穿，光著身子也無所謂。當住持聽到包憑這樣的發心，講出這樣的話，非常感動，流著眼淚對包憑說，施捨銀兩和布匹，其實也並不是難事，難就難在您這一點發心，非常難得。

後來這座寺院真的修復好了。有一天包憑拉著父親來到這座寺院遊玩，晚上就住到寺裡面。夜晚他做了個夢，夢到了伽藍菩薩，伽藍菩薩是寺院的護法。伽藍菩薩來給他道謝說，「包先生，你修復寺院的發心功德很大。所以你的兒子將來會享很大的福，會做到高官。」後來包憑的兒子包汴，孫子包檉芳都考上了進士，做了顯官。自己雖然沒有考上進士，沒有做上大官，但是了解善有善報的道理，知道是自己過去生中沒修好，所以這一生的福報不圓滿，現世能好好地修，才能感應到自己的子孫貴顯。而修善修德，關鍵是在發心，不在乎你的能力有多大，只要你盡心盡力了，你就功德無量。包憑是把自己身上所有的東西全部都布施了，絲毫不為自己想，全部都是為善事的圓滿，所以這個功德就無量了。

有的人就問了，為什麼布施錢財修佛像，或者是修寺廟有這麼大功德？要知道，寺院是古代推行佛陀教育的學校，佛像也是教學的藝術。所以有很多讀書人都到寺院裡面讀書、學習。寺院裡的藏經樓相當於現在的圖書館。寺院常常舉行講經說法的法會，教導大眾，教導人斷惡修善，破迷開悟，這是很大的功德。而佛像表法的意思，我們前面也講過，都是提醒我們要效仿古聖先賢。譬如說觀世音菩薩像，觀世音菩薩代表的是慈悲、救苦，塑菩薩像是為了提醒我們要存養慈悲心，救度苦難的眾生。所以功德在這裡。當我們看到了佛像，或者在寺院裡面聽經、聞法、開悟，那功德就很大了。

最後是第十個故事，講的是嘉善支立之父。這是在浙江嘉善這個地方，有一位支立先生，姓支名立，這是講他父親積善的故事。支立的父親過去是在監獄的刑房裡面做一個差役。有一天，一個囚犯被無辜誣陷，將要被判處死刑。這個囚犯非常地哀痛，就跟支立的父親講了自己的情況。支立的父親知道他是無辜的，於是就想幫助他平反。這個囚犯看到這位差役想要幫助他，但是自己又不知道怎樣報答他。所以當他的太太來探監的時候，他就跟太太說：「支先生美意希望幫助我平反，只是我很慚愧，沒有什麼報答。明天你就請支先生到我們家，給他擺上酒席，而且請他留住一夜，你來侍奉他。希望這位支先生可以盡力地幫忙，我就能夠得到解救了。」他的太太沒想到自己的丈夫竟然說出這樣一個計策。但是想想確實也沒有什麼其他辦法了，家裡確實窮，沒辦法報答人家，只好哭著答應了。等到第二天，他太太真的請支先生到家裡去吃飯，而且跟支先生說明瞭自己丈夫的意思，然後就給支先生勸酒。支先生聽到她這麼一講就非常不高興，不但沒有吃飯，而且是扭頭就走。雖然這樣，但還是盡心盡力地幫助這個囚犯，為他平反。

後來這個囚犯平反出獄，想到支先生的厚德，自己很慚愧，真是以小人之心度君子之腹，以為別人是一個無禮之徒。哪裡想到支先生的氣節、德行這麼高。所以就跟他的太太一起登門叩謝，然後對支先生說：「您的德行非常地深厚，在現前這個亂世已經非常少有了，您現在還沒有孩子，我願意把我的女兒送給您，做您的妾，服侍先生。因為先生沒有孩子，所以娶個妾，在禮上也能講得通。」支先生知道他們這一家確實是很誠懇，就答應了。於是備了厚禮去迎親，娶他們的女兒回來。後來就生了支立。支立弱冠中魁，就是沒到二十歲就考上了進士，而且後來當官做到了翰林孔目，也就是在翰林院裡面的一個書記，官位很高。支立後來又生了兒子，兒子又生了兒子，兒孫都做到了很高的官職。孫子的兒子，也就是他的曾孫，也考上了進士。所以從這裡可以看到，真是積善之家，必有餘慶。這位支先生，就是支立的父親，當時一念的純正，就感得後福無窮。假如在那個緊要關頭上失了正念，一念滑坡了，他將來怎麼可能有這種福報？所以善惡之報，惟人自召，如影隨形。自己的吉凶禍福，完全是自己一念召感來的，而這一念要靠平時不斷地累積修養而成。

了凡先生在「積善之方」這篇文章裡，一開始給我們列舉了十個故事，都是明朝當時的故事，都是膾炙人口的故事。雖然故事的內容不同，但是同歸於善，都是講善有善報，惡有惡報。修善最關鍵是我們的心量要大。假如我們的心量很小，只為自己修善，得一些小的福報，那麼你得的福報就不會大。假如我們的心量很大，我們是為天下萬民而去修福，這是量大福大，那麼我們的福報隨著心量的擴大就擴大了。佛法裡教導我們「心包太虛，量周沙界」，讓我們的心量跟虛空法界一樣大。那我們的福報就是通自性，也是盡虛空遍法界，無量無邊的福報，哪怕是做一點點善事，福報都無量。下面了凡先生給我們點出修善還有很多的學問。他說：

【若復精而言之。】進一步去討論：

【則善有真，有假；有端，有曲；有陰，有陽；有是，有非；有偏，有正；有半，有滿；有大，有小；有難，有易；皆當深辨。為善而不窮理，則自謂行持，豈知造孽，枉費苦心，無益也。】

這是了凡先生在給他兒子的家訓裡面，進一步地為他闡述了修善的道理。修善還需要去細細地辨別。這可以在八個方面來辨別。所以這裡講了八對。就是善裡面也有真假，端曲，陰陽，是非，偏正，半滿，大小，難易這八對。我們都要細細地去辨別。否則，如果盲目地去修善而不明白道理，往往可能心裡想去做善，但好心做了壞事都不知道。這叫「枉費苦心，無益也」。下面，給大家一對一對地來分析，這裡面學問都很深。

第一，何謂真假？這是第一對。了凡先生就用一個案例，一個佛門的公案來闡述，善裡面怎麼會有真有假？這裡講的是中峰禪師，我們可能都知道中峰禪師。《三時繫念》就是中峰禪師寫的。他是元朝一位開悟的大德，在天目山修行時，有很多儒生向他請教，就問到，佛門裡面講善惡，都說善有善報，惡有惡報。但是為什麼看到某人是善人，可是他並沒有得到善報，子孫也都不興？某人造惡，可是居然家門很隆盛，子孫也很貴顯？佛講的善有善報，惡有惡報的道理是不是無稽之談？這些人都是不明白其中的原因，才向中峰禪師請教。

中峰禪師是這樣回答的：

【中峰云：「凡情未滌，正眼未開，認善為惡，指惡為善，往往有之，不憾己之是非顛倒，而反怨天之報應有差乎？」】

中峰禪師是位開悟的大德，他所說的一針見血。他說，我們都是凡夫，都有情執，沒有洗乾淨，所以我們的正眼沒有開，認不清善惡，往往會認善為惡，或者是指惡為善。自己辨別錯誤，不去慚愧反省，反而還要埋怨老天爺報應不公，這是罪上加罪。這些書生，聽了中峰禪師這一段話，還是不明白，就繼續問：

【善惡何致相反？】

怎麼會把善看成是惡，把惡看成是善呢？於是中峰禪師就說：「你們來說說看，你們認為什麼是善，什麼是惡？」有一個人說，打人罵人，是惡；敬人禮人對人有禮貌，有恭敬心，這是善。中峰禪師說，未必如此。另外一個人說，貪財妄取是惡；廉潔有操守，這是善。中峰禪師還是說，未必如此。結果每個書生都講了他們心目中所認為的善惡，中峰禪師都搖頭，未必如此。眾人就反過來請教：「請問禪師，您說到底什麼是善，什麼是惡？」

【中峰告之曰：「有益於人，是善；有益於己，是惡。」】

這就把善惡的標準給我們定出來了。真正的善一定是利益他人，利益眾生的。哪怕是事情做得不夠圓滿，但是發心都是利益別人的，這就是善。如果發心為了自己的利益，你做的事，哪怕在效果上是利益社會的，還是算惡。所以，有益於人，打人罵人都是善。你看現在，父母管教孩子，發的是善心，希望孩子好，所以打他罵他都是善。有益於己的，為了自己的利益，而去恭敬人，對人有禮貌，那還是惡。為什麼？因為你這麼做是有利可圖。所以：

【是故人之行善，利人者公，公則為真；利己者私，私則為假。】

這是說明，辨別善惡真假的標準，就是要看發心是利人的還是利己的。利人的，利益社會的，利益大眾的，叫大公無私，這才是真善。假如做善事，還夾著私心，還夾雜著自己的名聞利養，那麼這個善事就是假的。

【又根心者真，襲跡者假；又無為而為者真，有為而為者假；皆當自考。】

這個「襲跡」，就是模仿的意思。「根心」就是發自真誠心去做的。所以，真正發心為大眾，不要非得讓人知道，讓人看見。如果是裝模作樣去做善事，那就是假的。「無為而為」，就是我修善，不執著善。《金剛經》裡面講，離「四相」而行布施，無我相、無人相、無眾生相、無壽者相。真正做了，心裡絕不留下印象，這叫無為而為。「有為而為」，就是心裡面執著善事，而且還有企圖、有目的，這樣做的善事就是假的。這些我們都要細細去辨別。

第二對辨別的是善的「端曲」。請看經文：

【何謂端曲？今人見謹愿之士，類稱為善而取之，聖人則寧取狂狷。至於謹愿之士，雖一鄉皆好，而必以為德之賊，是世人之善惡，分明與聖人相反，推此一端，種種取舍，無有不謬。】

「謬」就是錯誤。如果我們不能細細辨別善的「端曲」，端就是端正，曲就是委曲，可能會導致錯誤。這裡說「今人見謹愿之士」，現在的人看到那種所謂「謹愿之士」，什麼是謹愿之士？就是為人很謹慎，表面上看來一團和氣，但是卻隨波逐流。跟每個人好像都很好，但是卻沒有志氣，不能擔當的這種人，孔子斥責為「德之賊」。一鄉的人都稱他是好人，而且都向他學習取法。但這些都是鄉人，凡夫俗子，未必有真智慧。而「聖人則寧取狂狷」，這種狂狷之士，可能表面上看起來，他們的行為沒有那麼檢點，好像很剛硬，其實這才是真正有志氣的人。他們有錚錚鐵骨，有志氣，心地非常剛直，往往這種人會冒犯很多人。所以，狂狷之士往往得不到鄉人的敬愛。但是那些謹願之士，雖一鄉之人都讚嘆他。孔子說，「鄉願，德之賊也」。為什麼他是德之賊？因為他不能夠帶好這一鄉的風氣，所以稱他是「德之賊」。他只會隨波逐流，隨順大家的不良習氣，沒有樹立良好的社會風氣。所以世人的善惡，他們辨別得不清楚，分明與聖人相反。所以聖人看到的是真善，跟這些鄉人所看的不同，他只取善行的本質、發心，不是看表面。所以種種的取捨，我們從這一點來推廣，都要自己很好地去辨別，才不至於犯錯誤。下面：

【天地鬼神之福善禍淫，皆與聖人同是非，而不與世俗同取舍。】

「福善禍淫」，是天道自然的因果報應。修善的必定得福；造惡的，殺盜淫妄的，必定遭遇災禍。天地鬼神對福善禍淫的見解，跟聖人相同。所以，他們對於這些鄉愿之士，與大眾同流合汙、沒有骨氣的人，並不會讚嘆，反而會蔑視他們。而真正對那些有志之士，真正的仁者，會加以保佑。《弟子規》上講的「流俗眾，仁者希。果仁者，人多畏」，因為他們「言不諱，色不媚」，所以，世俗人都對他們敬而遠之，但是天地鬼神卻會保佑他。所以：

【凡欲積善，絕不可徇耳目，惟從心源隱微處，默默洗滌。】

我們積善關鍵要有端直之心，不可有絲毫委曲。「徇耳目」，就是欺人欺己，欺騙人家的耳目。我們看別人，也不能被別人欺騙了。我們自己斷惡修善，真的要從內心深處，就像這裡講的「從心源隱微處」去默默地檢點。不可以有絲毫的自私自利之心，而純是濟世之心，這叫作端。

【苟有一毫媚世之心，即為曲。】

假如我內心裡面，還有一絲毫討好世人的心態，為了討好別人，假裝做善事，就叫「曲」，委曲。又說：

【純是敬人之心，則為端；有一毫玩世之心，即為曲；皆當細辨。】

這裡講的是我們真正修善，內心裡面達到純淨純善，對他人的恭敬沒有夾雜任何的私利。真正心裡很純淨，純是敬人之心。如果內心裡面有一點玩世之心，自欺欺人，沒有真誠的愛心、敬心，這就是曲。在佛門裡面，把這個端，稱為直心，端直的心，直心是菩提心的體。《大乘起信論》裡面講，菩提心是直心、深心、大悲心。所以，直心就是無絲毫的自私、不善夾雜在裡面，這種菩提心才是成佛的條件。所以，《佛說十善業道經》裡面勸導學人要晝夜常念善法，思維善法，觀察善法，不容毫分不善間雜。如果心裡面還夾雜著不善，就有一點委曲，所以，我們真的要從心源隱微處默默檢點、洗滌自己。下面一對：

【何謂陰陽。善有陰有陽。】

【凡為善而人知之，則為陽善；為善而人不知，則為陰德。陰德，天報之；陽善，享世名。名，亦福也。名者，造物所忌；世之享盛名而實不副者，多有奇禍；人之無過咎而橫被惡名者，子孫往往驟發，陰陽之際微矣哉。】

這講得很清楚。什麼是「陽善」，就是你做了善事，大家都知道。甚至廣播電台、新聞都把你的善行給報導出來，大家都知道了，這就叫陽善。如果你做了善事沒有任何人知道，你就積了陰德。「陰德天報之」，雖然世人不知道你在行善，他不能報答你，但是天很公平，天會來報答你。如果你要享陽善的福，就是享名，那麼你做的善事，馬上就報掉了，你就會有好名聲傳播出去。要知道這個名也是福，你的福馬上就報掉，就沒有後福了。更何況我們修善，如果只是為了名，而沒有真正發出幫助苦難眾生的心，這就是委曲的心。那會怎樣？名不副實。你並不是一個大善人，只是為了貪名，故弄玄虛，弄出這些善行讓大家報導。「名者，造物所忌」，天地鬼神，都很厭惡那些名不副實的人。所以「世之享盛名而實不副者」，我們看到很多大慈善家享盛名，如果他「名不副實」，會怎麼樣？「多有奇禍」。往往都有一些突如其來的災禍，降臨到他的身上，或者降臨到他的家裡。

我們看到很多的人在享受著盛名，假如沒有道德做根基，往往就會出奇禍。我們看到許多影藝界的人，大明星，那真的是有盛名，但是你仔細看看，這些明星能活到晚年，能得善終的並不多。這證明，光享盛名並不是好事情。

「人之無過咎而橫被惡名者」，如果你沒有犯過錯，卻無緣無故被人指責，背上了罵名，人家誹謗你，陷害你，批評你。甚至在公開的場合來攻擊你，你都能忍受，心裡面如如不動，這樣的話，福就加上去了。福都是逆著加的，順著來的那是享福，是消福，逆著來的才是加福。所以，這種人「子孫往往驟發」，他的德是這麼積累下來的，所以子孫都貴盛。我們了解這個道理以後，就知道沒有真正吃虧的。吃點虧怕什麼，吃虧就是積福。所以「陰陽之際微矣哉」，這裡面確實非常微妙，我們要認真地去辨別，然後斷惡修善，不圖名、不圖利，多積陰德。下面：

【何謂是非？】

善也有是和非的分別，這裡了凡先生舉了孔子兩個學生的例子。孔子是魯國人，當時魯國有一條法律規定，如果能從別的國家把魯國的居民、公民用錢贖回來（譬如說在打仗當中，被人拉去做俘虜的），政府就會發給他獎金。孔子的學生子貢很有錢，他就為魯國去贖人。贖了人以後，政府給的獎金他卻不接受。我們看子貢好像很清廉，做善事都不要報酬。可是孔子聽說了之後，反而批評子貢，說：「你做錯了，要知道聖賢人做事情可以移風易俗，你做了好事，把人贖回來又不接受獎勵，認為接受獎勵就不廉潔。因為你很富有，可以不要這些獎勵。但那些比你窮的人，他們可能就不去做了。因為贖了人，如果接受政府的獎金，跟你一比就會顯得不廉潔；如果不接受獎金，生活可能會陷入困境。所以你的這種作法，反而會讓很多人退出。這樣的話，恐怕魯國以後就沒有人去贖人了。」

孔子另外一個學生子路，有一次走在路上，發現有一個人掉到了水裡，於是子路馬上就下去救，把他救上來了。那個人非常感激，為了報答救命之恩，就送給子路一頭牛做為感謝，子路看他很真誠，就高高興興地把牛收下了。我們看子路，怎麼做了好事，還要人家的報酬？但是孔子看到這種情況就很高興。還讚嘆他說：「你做的對。為什麼呢？因為你帶動了一個好的風氣，今後，咱們魯國就會有很多人效仿你，見人有難，就去相助。」

這兩個例子，我們可以看出，聖賢人看善惡的標準，跟我們凡人確實不同。我們一般凡人都會認為，子貢做了好事，他不要報酬真是善。子路做了好事，要人報酬，就不善了。但是孔子卻批評子貢而讚嘆子路。為什麼？了凡先生評論說：

【乃知人之為善，不論現行而論流弊；不論一時而論久遠；不論一身而論天下。】

所以這裡講，善的是非，看什麼？看它的影響面。影響面愈廣，時間愈長，就是真善。所以，「不論現行，而論流弊」。如果現行是善，但是它的影響不善，像子貢所做的事情，對他本人來說很廉潔，這是善，但是卻沒有帶出一個很好的社會風氣。而聖人舉事，學為人師，行為世範，做每一樣事情都要想，這樣做會給眾生帶來什麼樣的影響。所以，影響不善，哪怕現行是善的都不做。「不論一時，而論久遠」，這是看影響力的長遠。「不論一身，而論天下」。所以想的層面很廣，都是全天下的眾生，不是只想著自己。

【現行雖善，而其流足以害人，則似善而實非也；現行雖不善，而其流足以濟人，則非善而實是也。】

這是子貢做的，現行是善的，但卻留下了不好的影響，這種是「似善而實非」，它屬於非善，不是實善。「現行雖不善」，像子路，救人還要報酬，好像不善，但是「其流足以濟人」，他的影響是好的，帶動、鼓勵了救人的風氣。所以，「非善而實是也」，它不是非善，而是實善。

【然此就一節論之耳。】

這是用這樣一個例子來說明。

【他如非義之義，非禮之禮，非信之信，非慈之慈，皆當抉擇。】

在這裡，我們學習要懂得舉一反三，從這兩個例子，我們就可以去推廣。「非義之義」，這個「義」就是應該做的事情，我們看什麼事情是真的應該做，什麼事情不應該做。譬如說，別人做錯事，我們對他批評懲罰，這件事情應不應該。一般來說，我們不要去管人家，不要看人家的錯，要寬恕別人、原諒別人。你要想到，如果你批評他，是真心地幫助他改過，那麼他是可以接受的。但是如果你不幫助他，不給他指出他的錯誤，那麼他就可能意識不到這個錯誤，甚至以後會變本加厲做錯誤的事情，會愈做愈大，這樣反而對他不好。這時候就要批評指責，甚至有打有罵，這都是真正應該做的。我們舉一個例子，像父母對待孩子，不應該只是溺愛。如果孩子有錯誤，你想到「若真修道人，不見世間過」，那麼父母對孩子也抱著「不見世間過」的態度，那怎麼行？不見別人的過失，這是跟一般人交往的一個原則，但是父母對孩子有教學的義務，要教育他。所以看到他的錯誤，應該幫他改正，這是應該做的。

「非禮之禮」。「禮」，就是禮節，有禮有節，有禮貌也有分寸。待人有禮貌，這是對的。但是，如果你過分地禮貌，對人有太多的恭維、讚嘆、禮敬，反而會讓人生起傲慢之心，驕傲自負起來了，這就是非禮。

「非信之信」。做人要講信用。但是，在特殊的情況下，為了顧全大局，連聖人都可以不講求那種小信。譬如說，史料記載孔子有一次去衛國，途經一個衛國的屬地，這裡駐紮著軍隊。孔子發現這裡的大臣正想舉兵謀反，就準備趕緊去向衛國的國君報告，但是在途中被這個大臣截住了，不讓孔子去報告。而且跟孔子說：「除非你發誓不去見國君，否則我就不讓你走。」在這種情況下，孔子就對天發誓，不去見衛國的國君。這個大臣相信孔子的人格，因為孔子真的是仁義禮智信做得很圓滿，大家都知道、肯定他的德行。如果他這樣發誓，那就絕對會言出必行的。於是這個大臣相信了孔子的話，就退兵了。等他們走了以後，孔子說：「走，我們去見衛國國君。」弟子們說：「不行，老師已經發誓了，我們要講信用。」但孔子說，在這一種大是大非面前，我們所發的誓是可以推翻的。因為我們是被逼的，被逼迫才發出這個誓願。而且，不可以因為要維護我的小信用，而破壞這個國家的安全。所以你看，「非信之信」，這都需要我們細細去辨別。

還有「非慈之慈」。過分的慈愛，反而不是真慈。像我的母親，在我小的時候，上幼兒園要翻一座山，走路需要半個小時以上。母親為了鍛鍊我，讓我自己揹書包，書包挺大的。一個上幼兒園的小孩子，只有四、五歲，卻揹著一個很大的書包，在街上跟媽媽走。路上遇到了一個熟人，看見我媽媽就說：「唉呀，你怎麼讓孩子背這麼大的書包？做母親的要愛護孩子。」我媽媽看到這個人不是很明白自己的用心，於是在他面前就把書包接了過來。等那個人走了以後，又把書包還給我，繼續讓我揹。這是鍛鍊我，也是真正的愛我。所以我從小身體就很好，腿也長得粗粗的，很強壯。這就是我母親「非慈之慈」。如果只是溺愛，盲目地呵護孩子，怎麼能夠鍛鍊孩子成長？

下面講善的偏正，也舉出個例子來講。當時有一位呂文懿公，他的名字叫呂元，是浙江秀水縣人，在明朝英宗正統年間曾經做過宰相。這位呂老先生是一位非常廉潔的官員，也很忠厚。所以，退休以後回到家鄉，大家對他都非常恭敬，如泰山北斗。有一天，一個鄉裡的村民，喝醉了酒，來到呂老先生的宅府外面，在那裡破口大罵呂先生。當時，呂先生的僕人就想把他趕走，或者是把他拉到官府治罪。但是呂先生卻說，算了算了，這種無賴村民，是喝醉了酒，咱們不要跟他計較。就把大門關起來不再理他了。後來這個村民犯了一個大罪，犯死刑入獄後，官府準備要去斬首了，呂先生知道了這件事情，他覺得很後悔，為什麼後悔？就是當初這個村民來誣罵他的時候，假如當時把他送到官府去治罪，就可以小懲以大戒，他就不敢那麼造次，也就不至於會犯死刑了。所以這叫作以善心做了惡事，這個善反而偏了。

還有一種是以惡心做善事的，了凡也舉出一個例子。說有一戶大富人家，當時正好遇上了荒年，很多的饑民都去搶東西，在光天化日之下，去搶大富人家的東西。當時富翁就去縣官那裡告狀，希望縣老爺治理一下這種混亂的局面。但是，縣官不理，結果饑民們一看官府都不理了，就更加地放肆。結果這個大富人家沒辦法，只好叫自己的家丁把這些放肆胡鬧的饑民綁起來，自己私設刑堂進行審訊，來懲罰這些造亂的人，結果把混亂平定了下來。那麼發生這種事情，可以說大富人家是為了自己，是惡心，但是做的事情卻是善事。為什麼？幫助穩定了當時的局面。所以，我們都明白了什麼是善的正和偏，善就是正，惡就是偏。

【其以善心而行惡事者，正中偏也；以惡心而行善事者，偏中正也，不可不知也。】

這就是講，我們用善心做的事，如果效果上不利於社會大眾，就是惡事，這是「正中偏」。但如果是以惡心，以自私自利的心做出來的事，在效果上反而有利於社會，這是「偏中正」。當然，我們要學習什麼？要學習「正」，要正中正，以善心去行善事，這是值得我們好好學習的。下面一對，講的是善的半和滿：

【何謂半滿？易曰：「善不積，不足以成名；惡不積，不足以滅身。」書曰：「商罪貫盈。」如貯物於器，勤而積之，則滿；懈而不積，則不滿。此一說也。】

這是講，做善事有半善，有滿善。《易經》上講，積善要勤勤懇懇地積，因為「善不積，不足以成名」。那麼惡？「惡不積，不足以滅身」。所以只要勤勤懇懇的積善，就能夠積滿。惡也會積滿。了凡先生講「商罪貫盈」，這是指商朝最後一個皇帝商紂王，造惡造到惡貫滿盈，最後周武王起義師把商朝滅掉了，所以「惡不積，不足以滅身」。這是像「貯物於器」，像在器皿裡面儲存東西，就像我們的小錢箱，把一個硬幣、一個硬幣慢慢地放進去，勤而積之才能滿。如果不是勤勤懇懇地去累積，就不能達到圓滿。譬如說，我們學講經的，這是在學著修善，因為弘揚聖賢教育就是最大的善。但是要勤勤懇懇地去講，每天不要間斷。如果是懶散了，想著每天講兩小時太辛苦，那就懈怠了，你的善就積不滿，這是一種說法。

另外一種說法，是講一個例子。古時候一個小女孩，有一次到寺院裡面去修福，布施。因為家裡很窮，身上只有兩文錢，到了寺院裡，她就把這兩文錢統統捐出來了，供養寺院，布施三寶。寺院的住持是一位開悟的法師，他看到女孩子這麼誠心來布施，於是就親自給她做懺悔、迴向。後來，這個女孩子果然福報現前，被選入宮做了貴妃，想到自己之所以有這麼一天，是因為過去曾經到寺院作過布施，所以就想要去還願、去報恩。所以就帶上幾千兩黃金，浩浩蕩蕩地到寺院裡面去布施。當年的住持還在，聽說當初的女孩子富貴了，來布施幾千兩黃金，只是叫自己的一個小徒弟出去給她做了迴向、懺悔。結果貴妃看到這樣的一個情況，心裡就不服氣，有疑惑了。

就來請教老和尚，「當初我是一個貧窮的女孩子，只布施了兩文錢，您老人家還給我親自懺悔、迴向。為什麼現在我布施幾千兩黃金，您卻只叫一個小徒弟給我馬虎地做懺悔、迴向了事呢？」結果，你看老和尚怎麼回答：

【曰：「前者物雖薄，而施心甚真，非老僧親懺，不足報德；今物雖厚，而施心不若前日之切，令人代懺足矣。」此千金為半，而二文為滿也。】

這是老和尚講出來，為什麼這次不給她親自懺悔的原因。過去的那一次，她雖然只有兩文錢，「物雖薄，而施心甚真」，非常真切、誠懇地來布施。老和尚說：「如果不是老僧親自給你懺悔，怎麼能夠報答你的恩德？因為你布施的心太真切了，所以你修的福就厚。現在你帶著幾千兩黃金，這麼多人跟著你浩浩蕩蕩來布施，你心裡難免就有貢高我慢，心也沒有過去那麼真切了，所以請一個徒弟代為懺悔就足夠了。這就是所謂「千金為半，二文為滿」，千兩黃金也只是半善。為什麼？因為她心不夠真切。而二文錢所修的善是滿善，因為她是以至誠心去做的。所以善的半滿全在我們的心地，這是一種說法。

還有一種說法，這裡舉的是道家兩位祖師的例子。漢鍾離是我們所熟知的八仙之一，當時準備要傳授呂洞賓（就是呂祖）一種點鐵成金的技術。因為點鐵成金，可以變現很多黃金來幫助窮苦的人。當時呂洞賓就請問漢鍾離，說如果點鐵成金之後，這個金子將來會不會再變成鐵？漢鍾離回答說，五百年之後，金子確實還會還原變成鐵。呂洞賓就說：「如果變成鐵，以後拿到這個金子變成鐵的人就遭殃了。這樣豈不是害了五百年之後的人？我不願意學了。」漢鍾離聽了呂洞賓這番話，非常讚嘆。他說：

【修仙要積三千功行，汝此一言，三千功行已滿矣。此又一說也。】

道家，目的是成仙，修仙要積三千件善事。可是漢鍾離給呂洞賓受記了，說：「就憑你剛才這一句話，你這三千件善事已經圓滿了。」意思就是說他已經合格了，可以成仙了。所以，是滿善了。我們可以從這三個例子看到，半善和滿善的區別，都在於我們的存心。假如我們的存心毫無私心，是真切、真純的善心，哪怕是修一點點的善事，都成為滿善。假如我們還夾雜著煩惱，貢高我慢，夾雜著自私自利、名聞利養這些不善，去修善事，哪怕是修再大的布施，黃金千兩，那還是半善。這是我們要細細去辨別的。善的半滿，還有一點，經文上說：

【又為善而心不著善，則隨所成就，皆得圓滿。心著於善，雖終身勤勵，止於半善而已。譬如以財濟人，內不見己，外不見人，中不見所施之物，是謂三輪體空。是謂一心清淨，則斗粟可以種無涯之福，一文可以消千劫之罪。倘此心未忘，雖黃金萬鎰，福不滿也。此又一說也。】

這一段可以說把善的半滿的意思，說得非常究竟圓滿。何謂真正的達到滿善，關鍵是要心不著善，能夠做到「三輪體空」。什麼叫三輪體空？不見我自己在做善（修布施之後，不執著有我）；也不見我布施給誰（不執著那個人的相）；更不會看到布施的什麼東西（不執著物的相）。這是三輪體空，心完全是純淨純善。這樣地修福，「斗粟可以種無涯之福，一文可以消千劫之罪」。正因為心量無比的廣大，所以福報就修得無比的廣大。這就是圓滿的意思。

下面講善的大小，何謂大小？了凡給我們舉出宋朝衛仲達先生的一個例子，當時衛仲達是在翰林院任職。有一天他的魂被小鬼拉到了冥司，見到了閻羅王，閻羅王就審問他，命小鬼把衛仲達的善惡錄搬出來。發現記載他惡事的紀錄堆滿了整個庭院，紀錄他善行的，只有小小的像筷子那麼大的一軸。衛仲達就問閻羅王，說我還沒到四十歲，為什麼造的惡竟然這麼多？

閻王說：「一念不正即是。你心裡面產生一個惡念，我們就給你紀錄下來。」你看，鬼神完全知道我們心裡面產生的念頭，不要以為我們的惡念好像沒人知道，鬼神都能紀錄下來。所以你看，滿滿的一庭院都是這些惡的紀錄，還不等到你犯，只是一念不正，就已經是惡了。結果他又問，那紀錄在像筷子那麼細的卷軸裡頭的善是什麼？閻羅王就跟他講，有一次朝廷興建大工，準備做一個三山石橋，這件事情勞民傷財，你當時上了一個奏表，請求皇上不要做這件事情。像筷子細的那一軸善錄，就是給皇上的疏表。衛仲達說，雖然當時寫了這份奏章，但是朝廷並沒有聽從，還是造了這座三山石橋。閻羅王就說，如果當時的奏章得到了朝廷的准許，你的善就更大了，但是雖然朝廷不從，你的善還是有。後來把惡錄和善錄拿秤稱了一下，發現像一根筷子一樣大的善錄，竟然比整個庭院的惡錄還重。衛仲達又問了，為什麼才做了這麼一點事情，而且朝廷還沒有聽從，竟然會有這麼大的力量。閻羅王就說：「這是因為你上疏文的時候，心在天下萬民，你真是為萬民著想，所以你的善這麼大。」所以了凡先生說：

【故志在天下國家，則善雖少而大；苟在一身，雖多亦小。】

關鍵是我們念念要想到天下蒼生，哪怕是小事，哪怕是不成功的事情，我們的功德都無量無邊。接下來講善的難易：

【何謂難易？先儒謂克己須從難克處克將去。夫子論為仁，亦曰先難。】

這是講善的難易區別。儒家講克己工夫，就是克服自己的煩惱習氣，要「從難克處克將去」。就是你自己的煩惱，哪一條最嚴重，最難克服，就從哪裡下手。「夫子論為仁」，仁就是愛人，「凡是人，皆須愛」，真正愛人的人，心裡絕不會有自私自利、損人利己的念頭，所以要先把自私自利的這些煩惱惡習「克將」出去，這是「先難」，先從難處下手，這才是真正做到仁。譬如說，七情五欲裡面哪一條最難克致的，你就從哪裡克，有的人貪財，有的人貪色，有的人貪名，總之，要從自己最重的煩惱習氣那裡先下手。下面舉出幾個例子，都是克己復禮這些善例：

【必如江西舒翁，舍二年僅得之束修，代償官銀，而全人夫婦。】

這個江西舒翁，是個教書的。他把自己所得的「束脩」（「束脩」是學生對老師的供養），兩年所有的積蓄統統為別人償還了官稅，保全了一個家庭，一對夫婦。這樣的事情，對於一個沒有錢、貧寒的人來說，是非常難做到的。第二個善例：

【與邯鄲張翁，舍十年所積之錢，代完贖銀，而活人妻子，皆所謂難捨處能舍也。】

邯鄲有位張老先生，遇到一家可憐人，因維生活所迫，被逼著要賣妻賣兒，結果他把自己十年的積蓄統統拿出來了，幫人家償還贖銀，保全了這個家庭。這都是很難捨的地方，但他卻能舍。還有一個例子是：

【如鎮江靳翁，雖年老無子，不忍以幼女為妾，而還之鄰，此難忍處能忍也；故天降之福亦厚。】

鎮江的靳老先生，雖然年老了卻沒有兒子，鄰居就把自己的幼女嫁給他做妾，但是他「不忍以幼女為妾」，不忍耽誤了孩子的前途，所以，把這個小女孩歸還給鄰居，這就是難忍的地方他能忍，所以他的福就特別厚。

【凡有財有勢者，其立德皆易，易而不為，是為自暴。貧賤作福皆難，難而能為，斯可貴耳。】

你看別人難捨處能捨，難忍處能忍，假如我們有錢有勢，本來做善事比較容易，但是偏偏就不做，這叫自暴自棄。而且是糟蹋了自己的福報。如果我們很貧賤，身無分文，但是看見別人需要幫助，我們可以傾盡所有去布施，甚至捨自己的生命去布施，這是「難而能為」。不要說貧賤的人修福難，「難而能為」，這才可貴，這樣修的福就非常厚。這裡共用了八對來辨別善，分析得非常透徹。除了辨別善的各個方面以外，了凡先生又給我們說了十大類善行：

【隨緣濟眾，其類至繁，約言其綱，大約有十：】

給我們歸納得出十條善行的綱領：

【第一，與人為善；第二，愛敬存心；第三，成人之美；第四，勸人為善；第五，救人危急；第六，興建大利；第七，舍財作福；第八，護持正法；第九，敬重尊長；第十，愛惜物命。】

這是了凡先生給我們舉出的十條善行，如果在現代的社會裡，我們能夠帶頭做出這十條，那就是給社會樹立了好榜樣，那就是幫助構建和諧社會，真正可以幫眾生消災免難。下面我們一條條來看。

第一條，何謂「與人為善」。這是講舜王在年輕的時候，曾經在山東，有一個叫雷澤的湖，當時有很多人在那裡打魚，大家都爭著到深潭去。因為深潭的魚比較多，年老的人往往爭不過年輕人，只好在那些急流淺灘的地方去打魚。舜看到這種情況，心裡覺得很難過，也很同情這些老年人。他就想，如何能扭轉這種社會風氣，讓大家懂得敬老愛老，懂得互相謙讓。於是他也去打魚，他只去急流淺灘，主動把那些深潭厚澤和好的地方讓給別人。如果看到有人讓出來好地方，他就大力讚嘆：你這個人真好，能夠如此謙讓。從來不批評那些爭搶的人，只是讚嘆禮讓的人。結果過了一年以後，社會風氣真的改正過來了，大家也都懂得了禮讓，懂得把好的地方讓給那些老人家，所以真的是靠修身而齊了家、治了國、平了天下。改變社會風氣從我做起。本來舜可以講一句話，號召大家不要爭搶，應該禮讓，這樣完全可以行得通，因為他是很有威望的人。但是他不說，只是自己做一個好樣子，以身作則，而且隱惡揚善，用這種方法，徹底地讓大家覺悟，這是舜的良苦用心。了凡先生說：

【吾輩處末世，勿以己之長而蓋人；勿以己之善而形人；勿以己之多能而困人。】

我們在這個所謂的末法時代，要效仿舜那種謙讓，不要用自己的長處壓別人、用自己的善來跟人家較量、用自己的能力去為難別人。我們要：

【收斂才智，若無若虛。】

要懂得謙虛，不要覺得自己值得驕傲。

【見人過失，且涵容而掩覆之。一則令其可改，一則令其有所顧忌而不敢縱。】

所以見到別人過失，我們採取什麼態度？要包容，要替他掩蓋。這樣時間久了，他看到我們並不是看不到他的過失，而是看到他的過失卻不說，這樣他心裡會感到慚愧，能慚愧他就能改，而且還會「有所顧忌，不敢放縱」。

【見人有微長可取，小善可錄，憣然捨己而從之，且為艷稱而廣述之。】

這是講我們看到別人有長處，哪怕是再小的優點，我們都應該全心全力，放下自己的立場，去幫助他，順從他，隨順他。而且還要大力地讚揚和推廣，讓大家都效仿他，這叫隱惡揚善。

【凡日用間，發一言，行一事，全不為自己起念，全是為物立則，此大人天下為公之度也。】

在日常生活當中，我們每說一句話、每做一件事情，都是天下為公，都是要利益社會、利益眾生，為別人做好榜樣，這是「學為人師，行為世範」。這種態度和心行，才真正叫與人為善，幫助社會。這是第一條。下面講第二條：

【何謂愛敬存心？】什麼是仁慈，尊重之心呢？

【君子與小人，就形跡觀，常易相混，唯一點存心處，則善惡懸絕，判然如黑白之相反。】

君子跟小人就差那麼一點，差在哪裡？就在存心，君子的存心是什麼？

【君子所以異於人者，以其存心也。君子所存之心，只是愛人敬人之心。】

這就是君子跟小人不同的地方，小人是自私自利，而君子是愛人敬人。了凡先生這裡說得很精彩：

【蓋人有親疏貴賤，有智愚賢不肖；萬品不齊，皆吾同胞，皆吾一體，孰非當敬愛者。】

這裡就是《弟子規》上講的，「凡是人，皆須愛。天同覆，地同載」。人不管親疏貴賤，智慧的還是愚笨的，賢能的還是不肖的，只要他是人，不管是哪一類的，他都是我的同胞，都和我一體，「四海之內皆兄弟也」。真是佛經裡面講的，宇宙萬物，「唯心所現，唯識所變」。既然都是我們心識所變現的，當然跟我們是一體。心和識才是我們真正的自己，所以，心識變現的一切人、事、物都是我們自己，所以怎麼能夠不敬愛？道家也講「天地與我同根，萬物與我一體」。

【愛敬眾人，即是愛敬聖賢；能通眾人之志，即是通聖賢之志。】

為什麼？

【何者？聖賢之志，本欲斯世斯人，各得其所。吾合愛合敬，而安一世之人，即是為聖賢而安之也。】

一切的聖賢、佛菩薩，都愛敬眾生。我能夠愛敬眾生，等於是跟佛菩薩、跟聖賢同心同願，同德同行。所以愛眾人就是愛佛菩薩，就是愛聖賢。「能通眾人之志」，凡夫、眾生的志向是什麼？都是為了幸福美滿的生活。我們能夠為眾生奉獻，幫助眾生過幸福美滿的生活，就是通聖賢之志，這就是跟聖賢的志向相同。我能夠「安一世之人」，幫助世界上的眾生得到安寧，得到幸福美滿，「即是為聖賢而安之也」，就是為聖賢而去幫助眾生。所以，我們唸佛的人，要「發菩提心，一向專念」，這是求生淨土的兩個條件。發菩提心，就是要發起普渡眾生，幫助眾生的心，這是阿彌陀佛的志向。我們能夠發起真實菩提心，幫助苦難眾生，就是通阿彌陀佛之志，就是為阿彌陀佛安眾生。你跟阿彌陀佛同心同願，這樣就絕對可以往生。這是「愛敬存心」。下面一條：

【何謂成人之美？】

了凡先生舉了一個比喻：

【玉之在石，抵擲則瓦礫，追琢則圭璋；故凡見人行一善事，或其人志可取而資可進，皆須誘掖而成就之，或為之獎借，或為之維持，或為白其誣而分其謗，務使之成立而後已。】

玉是在石頭裡。如果你不加以雕琢、磨礪，美玉就出不來。你把它扔掉了就非常可惜，所以你要追琢它，磨練、雕琢它，才能使它成為一塊寶玉。「圭璋」就是寶玉。我們看到別人

「行一善事」，或者是「其人志可取而資可進」。看見這個人有志向，而且他的資質也不錯，可以栽培，就需要「誘掖而成就之」，就要千方百計幫助他、提攜他、獎勵他、成就他，使他這種志向得以圓滿，能力得以發揮。如果有人譭謗他、誣賴他，要幫他澄清。「務使之成立而後已」，總是希望幫助他成才，這是幫助人，成人之美。

一般來說，鄉人裡面是「流俗眾，仁者希」。真正有眼光的，善良的人還是不多。所以真正的善人、英雄豪傑，在這些凡俗人群當中，經常會被批評、被指責。因為人都厭惡跟自己不同類的人，看見這些善人、豪傑跟自己好像格格不入，就會譭謗。在這種情況下，就特別應該幫助他成就，扶持他，使他能夠成就學問，成就志向，這種功德確實是最大的，這就是第三條「成人之美」。那下面第四條：

【何謂勸人為善？】

什麼叫「勸人為善」呢？了凡先生講：

【生為人類，孰無良心？世路役役，最易沒溺。凡與人相處，當方便提撕，開其迷惑。】

勸人要勸人為善，要知道人都是有良心的，因為《三字經》上講：「人之初，性本善」。他之所以現在看起來不善，那是因為「性相近，習相遠」，他的習性使他遠離了善，受到了這些汙染，掩蓋了他善良的本性。只要加以勸化，他就能夠回頭。「世路役役」，就是很忙碌，你看眾生一天到晚很忙碌，從香港這裡我們就可以體會到，在這裡面最容易沉淪。所以，我們在跟人家相處的時候，應該善巧方便地點醒別人，能夠讓別人覺悟，開啟智慧，破除迷惑，這個功德就很大。就像一個人沉迷在忙忙碌碌的紅塵裡面，突然有人點醒他，就像大夢初醒一樣，又好像久陷於煩惱的時候，服了一劑清涼散，有一種特別清涼的感覺。

勸人為善可以口勸，或者是以書勸。

【韓愈云：「一時勸人以口，百世勸人以書。」】

不管是勸人以口還是勸人以書，都有功德。勸人以口，是當我們看到他的問題的時候，就可以應機說法，所說的，真的是對症下藥，可以幫他很快地改正過來。如果在這個世間緣分不多，很多人不願意聽我們的，我們就可以寫書，「百世勸人以書」，留給後代有緣的人看，他們能夠得到覺悟，這也是很好的。下面講：

【何謂救人危急？】

這是善事。危急，人人都難免。

【患難顛沛。】

人生不如意事常十之八九。當我們遇到人家有危急的時候，馬上去解救，或者是慷慨解囊，或者是幫他申辨，這些都是功德。作法是：

【或以一言伸其屈抑，或以多方濟其顛連。崔子曰：「惠不在大，赴人之急可也。」蓋仁人之言哉。】

我們幫助人，不一定要拿出多少錢，關鍵在於他有危急的時候，你及時趕到，就像及時雨一樣，去解救他。那麼，人家就會對你的恩德終生不忘。有時候可能講一句話，就可以幫助他平反解冤。或者你也可以多方奔走，幫助那些流離失所的人。總之，「惠不在大」，救人之急，這就非常好。下面講的是：

【何謂興建大利？】

什麼是大利？如何興建大利呢？了凡先生說：

【小而一鄉之內，大而一邑之中，凡有利益，最宜興建，或開渠導水；或築堤防患；或修橋樑，以便行旅；或施茶飯，以濟饑渴；隨緣勸導，協力興修，勿避嫌疑，勿辭勞怨。】

這個「大利」就是幫助社會，就是做一些利益大的事情。這裡面了凡先生舉了一些例子，所謂開渠導水，築堤防患，修橋樑，施茶飯等等，這些都要隨緣去做。我們看，現在社會最需要的是什麼？現前人們都生活在痛苦煩惱當中，最需要的是聖賢的教育。所以我們現在努力地宣揚、推行、護持聖賢的教育，這就是最好的「興建大利」，確實能夠把人喚醒，改變社會風氣，幫助眾生消災免難。

【何謂舍財作福？釋門萬行，以布施為先。所謂布施者，只是舍之一字耳。達者內舍六根，外舍六塵，一切所有，無不舍者，苟非能然，先從財上布施，世人以衣食為命，故財為最重，吾從而舍之。內以破吾之慳，外以濟人之急，始而勉強，終則泰然，最可以蕩滌私情，袪除執吝。】

這個「作福」通稱布施，布施就是舍，舍不一定是舍財，這裡講「內舍六根，外舍六塵」。真正的舍就是放下，對內，眼耳鼻舌身意六根都能放下；對外，色聲香味觸法六塵都能放下，沒有放不下的，這是舍到極處了。如果這樣就恭喜你，你已經成佛了。學道，還不能成就的，就是不肯舍。要先學舍，得從舍財開始，財是身外之物，生不帶來，死不帶去。先不要説舍身、舍六根了，先從舍身外之物開始，舍財就比較方便。而且了凡先生説「世人以衣食為命」，一般人大多數把財看得很重。如果你舍財，第一個可以破自己的慳吝，破貪心。對外又能夠幫助別人，看到人家有急難，有需要幫助的，你就可以救濟他，這叫內外雙得，利人利己。所以先從財上下手來布施。一開始是要勉強，咬著牙幹，慢慢你就自如了。最後就能夠做到「內舍六根，外舍六塵」，把自己自私自利的私情蕩滌乾淨，破自己的執著和貪戀，就是真正的修行。

【何謂護持正法？法者，萬世生靈之眼目也。】

真正的正法，可以幫助萬世眾生開悟，離苦得樂。所以沒有正法，我們怎麼可以幫助眾生覺悟？怎麼能夠幫助眾生轉凡成聖？所以：

【凡見聖賢廟貌、經書典籍，皆當敬重而修飭之。至於舉揚正法，上報佛恩，尤當勉勵。】

護持正法方面，作法也很多。當然見到聖賢的「廟貌」，聖賢教育的學校，經書典籍是教材，我們都要敬重。如有破損就要修補，而且要大量地印刷流通。「舉揚正法」，這就是弘揚正法，弘揚聖賢教育，以「上報佛恩」。這是我們要好好努力去落實的。下面：

【何謂敬重尊長？】

「尊長」，在家裡，父母是「尊長」；一個國家的國君、領導，他們也是「尊長」，都要敬重。敬重父母是孝，敬重國家領導人是忠，以忠孝存心，對於凡是年紀高、職位高、德行高的人都要敬重，對他們要加以奉侍。

【在家而奉侍父母，使深愛婉容，柔聲下氣，習以成性，便是和氣格天之本。】

孝道幫助我們養成一種「和氣」，就能夠感格天心，這是敬重尊長的本。在家裡養成孝心之後，到了社會工作，就會以孝心來對待一切人、事、物，這就是忠，忠於職守。

【試看忠孝之家，子孫未有不綿遠而昌盛者，切須慎之。】

「忠孝之家」，子孫一定會昌隆，這是善有善報，「積善之家，必有餘慶」。下面是愛惜物命：

【凡人之所以為人者，惟此惻隱之心而已，求仁者求此，積德者積此。周禮「孟春之月，犧牲毋用牝」，孟子謂君子遠庖廚，所以全吾惻隱之心也。】

這是講愛惜物命也是修善，對一切小動物，都要以愛心對待它們，這是我們的「惻隱之心」，有一種不忍傷害它們的心，「積德」就是積這個。在「周禮」裡面說，「孟春之月，犧牲毋用牝」。在春天祭祀時，不可以用母性的動物。為什麼？因為動物在春天生育，所以你用它來祭祀的話，豈不是不仁慈？孟子說，「君子遠庖廚」。君子遠離廚房，不忍看殺害眾生的場面，只是為了保全我們的「惻隱之心」。了凡先生在這裡講到，如果不能夠斷肉，那麼就應該做到四不食：

【聞殺不食、見殺不食、自養者不食，專為我殺者不食。】

從這裡我們慢慢培養慈悲心，慢慢地斷肉。下面講到：

【學者未能斷肉，且當從此戒之。漸漸增進，慈心愈長，不特殺生當戒，蠢動含靈，皆為物命。求絲煮繭，鋤地殺蟲，念衣食之由來，皆殺彼以自活。故暴殄之孽，當與殺生等。至於手所誤傷、足所誤踐者，不知其幾，皆當委曲防之。古詩云：「為鼠常留飯。憐蛾不點燈。」何其仁也！】

這裡就講到，不單指我們不殺生，而且衣食的由來，往往都會有很多生命被殺害，譬如我們穿的絲織品就是透過煮蠶得來的。而我們吃的每一頓飯，都是在鋤草種地的時候，就開始殺蟲。所以，如果浪費衣食那就等於是殺生。我們平時走路，都要注意腳下的小蟲子，不要誤傷了它，培養自己的慈悲心，這些說的就是愛惜物命。以上所說的都是大的綱領，我們從這十條綱領去推廣，就知道，存養一顆善心，就可以「萬德可備」。這裡就介紹完了第三篇「積善之方」。

第五部分　謙德之效

最後把第四篇「謙德之效」簡單地過一遍，它是保存我們善德、善福的一個很重要的德行。

【易曰：「天道虧盈而益謙，地道變盈而流謙，鬼神害盈而福謙，人道惡盈而好謙。」是故謙之一卦，六爻皆吉。書曰：「滿招損，謙受益。」予屢同諸公應試，每見寒士將達，必有一段謙光可掬。】

這段一開始就用《易經》的話來講，天地鬼神和人一樣，都是喜歡謙虛，真正謙虛的人才能獲福，所謂「滿招損，謙受益」。在《易經》當中，六十四卦只有一卦是「六爻皆吉」，這個卦就是謙卦，所以，可見謙德多麼的重要。了凡先生跟很多的書生來往，看到凡是有謙虛之德的讀書人，往往都很容易考中，這是為我們證實「謙受益」。了凡先生在這裡講了五個故事，我們也簡單地講一講。

了凡先生認識的一個人叫丁敬宇，雖然他年紀最小，但是對人都彬彬有禮，很謙讓。於是了凡先生對他的朋友費錦坡説，這位老兄今年一定會考上。費錦坡就問他，你怎麼見得？了凡先生就說，你們看這麼多考生當中，有哪個人有丁敬宇的恭敬順承？有哪個人像他一樣小心謙畏？而且他能做到：

【受侮不答，聞謗不辯。】

別人侮辱譭謗他，他都不會辯論。所以了凡先生說：

【人能如此，即天地鬼神，猶將佑之，豈有不發者？及開榜。丁果中式。】

所以天地鬼神會護佑這種謙虛的人，後來他果然考中了舉人。

另外一位是馮開之，也是了凡先生認識的。有一次，馮開之跟一位朋友在一起，那位朋友對他很不客氣，當面攻擊他。但是他竟然「平懷順受」，一點都沒有生氣，很謙虛。所以了凡先生就告訴馮開之：

【予告之曰：「福有福始，禍有禍先，此心果謙，天必相之，兄今年決第矣。」已而果然。】

「你確實有福的先兆，今年絕對會考上。」最後果然如此。

第三個故事講的是趙裕峰，他在童年的時候就考取了舉人，但是總考不上進士。有一次，他跟隨父親去嘉善這個地方上任，拜訪一位錢先生，請他批改文章。錢先生很不客氣，把他的文章塗的亂七八糟，但是這位趙裕峰不但不生氣，反而口服心服，而且好好改正。結果第二年，他就考上了進士。

還有一位叫夏建所的，這是在了凡先生考上進士以後，有一次去見皇帝，碰到了夏建所。

【予入覲，晤夏建所，見其人氣虛意下，謙光逼人，歸而告友人曰：「凡天將發斯人也，未發其福，先發其慧；此慧一發，則浮者自實，肆者自斂；建所溫良若此，天啟之矣。」及開榜。果中式。】

了凡先生說，天要讓一個人發達的時候，「未發其福先發其慧」，所以夏建所能夠這樣謙虛，溫文爾雅，謙虛卑下，他確實就能考上。

還有一個反面的例子，是講在江蘇江陰這個地方，有一個人叫張畏巖，他的學問很不錯，文章寫得也好，但是有一次沒考中。他看到自己榜上無名，就大罵考官。旁邊有一位道長就看著他笑，於是張畏巖就移怒於這個道長。道長就說：「先生，您的文章一定寫得不好。」張畏巖聽了之後就更生氣了，對道長說：「你沒看過我的文章，怎麼知道我寫得不好？」這個道長說：「我聽說寫文章貴在心氣平和，看您的心氣一點都不平和，又大罵考官，文章怎麼可能寫得好？」張畏巖聽了之後覺得道長講的有理，就服了，然後向道長請教。道長說：

【中全要命，命不該中，文雖工，無益也。】

考中考不中全要看命，文章寫得好不好，不是關鍵，自己要做一個轉變。張畏巖問：「既然都是命了，怎麼轉變？」

【道者曰：「造命者天，立命者我；力行善事，廣積陰德，何福不可求哉？」】

這是講造命由我，自己要去積福。張畏巖說，我窮書生一個怎麼積福？

【道者曰：「善事陰功，皆由心造，常存此心，功德無量，且如謙虛一節，並不費錢，你如何不自反而罵試官乎？」】

你自己不肯謙虛，當然就修不到福了。後來張畏巖聽明白了，回去謙虛求學，努力改正。結果三年之後，果然考上了。了凡先生最後有一段結論，我們把它念一念：

【由此觀之，舉頭三尺，必有神明；趨吉避凶，斷然由我。須使我存心制行，毫不得罪於天地鬼神，而虛心屈己，使天地鬼神，時時憐我，方有受福之基，彼氣盈者，必非遠器，縱發亦無受用，稍有識見之士，必不忍自狹其量，而自拒其福也，況謙則受教有地，而取善無窮，尤修業者所必不可少者也。】

教導我們真正謙虛，才是受福之基。

【古語云：「有志於功名者，必得功名；有志於富貴者，必得富貴。」人之有志，如樹之有根，立定此志，須念念謙虛，塵塵方便，自然感動天地，而造福由我。】

再次強調我們立定志向，重新營造美滿人生，積福修德還要謙虛。最後，了凡用孟子的一句話說：

【「王之好樂甚，齊其庶幾乎？」予於科名亦然。】

這是孟子對梁惠王講的：「您愛好音樂，應該把您愛好音樂的心，推而廣之，愛天下的人民，使人民都歡樂，與民同樂。」我們求富貴、求福報、改造命運的人，也要有這種心，也要把自己改造命運修來的福報，跟眾生同享，與民同樂，這樣才能夠慢慢地成聖成賢。

我們「重建美滿人生」講座就到此結束，中間有不妥之處，請大家多多批評、指正。謝謝大家！

成聖之道
——《〈了凡四訓〉印光大師序文》學習心得

尊敬的各位大德、菩薩：

大家好！

今天我們來學習《了凡四訓》的印光大師的序文。我們昨天剛剛把《了凡四訓》學習過一遍，我們花了六天的時間，十二個小時，很簡略地把《了凡四訓》通讀、學習了一遍。《了凡四訓》裡面所含的道理很深很廣，如果真正明白了，我們這一生不但可以改造命運，心想事成，而且成聖成賢也是有指望的。在學習了《了凡四訓》之後，我們再把印光大師作的序文來認真學習一次。

印光大師，我們都了解他是清末民初淨土宗的第十三代祖師。他的德行，他的威望，在佛門中是有口皆碑。祖師對於《了凡四訓》是極力地提倡，並大量地印贈。希望我們真正了解因果的道理，真正學習、效法了凡先生改造命運，從而能夠現生步入聖賢之列，報盡得生西方淨土。所以，這篇序文可以說是《了凡四訓》的一篇玄義。不但把《了凡四訓》精華的理念加以了總結，而且加以了提升。我們現在開始認真地學習本序文。請看經文：

【聖賢之道，唯誠與明。】

這第一句話是本序的總綱，開宗明義就把聖賢的道理給點出來了。什麼是聖？什麼是賢？在佛門裡面，我們稱佛是聖，菩薩是賢。佛教中菩薩的位次有很多，我們稱為三賢十聖。在《華嚴經》裡面有十住、十行、十迴向的菩薩，都被稱為三賢；十地，就是從初地到第十地的菩薩就叫作聖，這些佛菩薩稱為聖賢。在世間法上，人們把孔子稱為聖，孔子的弟子們稱為賢。

不論從世間法的角度去理解聖賢，還是從佛法的高度去理解聖賢，聖賢之道在哪裡？印祖給我們用兩個字總結出來，大師說，「唯誠與明」，就是在於誠和明兩個字。怎麼樣才叫作誠呢？誠是很不容易做到的。曾國藩在他的讀書筆記裡面給誠下了個定義，叫「一念不生是謂誠」。一個念頭不生的時候，這就是誠。在佛法裡面，這種誠就是禪定，就是清淨心。心裡面一個妄念都沒有，這是定。什麼叫明？明就是慧，智慧明瞭。所以有定、有慧，這就成就聖賢了。

當然，定、慧是建立在戒律的基礎上。戒律最根本的內容是教導我們做人的規矩，是要落實《弟子規》，落實《太上感應篇》，還有《佛說十善業道經》，這都是最根本的戒行。在這個戒行的基礎上，才能談得到誠和明。所以我們要了解誠和明，誠可以說是諸佛的性體，是代表真心。在《觀無量壽佛經》裡面講到菩提心，菩提心的體就是至誠心。所以這個誠要用佛法的高度來理解，就是菩提心的體，是我們每個人本具的真心本性。這個明的涵義就是用智慧去覺照，對一切事相、一切的事理都能夠明瞭，這叫作明。這是以佛菩薩的高度來理解誠和明。從我們凡夫地來理解，這個明就是指我們反省、覺察的工夫，對於自己的習氣、毛病、煩惱，我們能夠覺察。覺察以後就把它改正過來，斷惡修善。這就是明，由明而達到誠。其實佛家講的跟儒家講的道理是一致的，這誠明兩個字是出自於儒家經典中《中庸》這篇文章。請看下面：

【聖狂之分，在乎一念。聖罔念則作狂，狂克念則作聖。】

「聖賢之道，唯誠與明」是本序的總綱領。後面是教導我們如何達到誠與明。在這裡，祖師對利根和鈍根的人教導的方法有所不同。首先是對利根的人的教導。這裡「聖狂之分，在乎一念」，聖就是指聖人，狂就是指我們凡夫。聖人和凡夫的區別在哪裡？就在我們一念之間。這一念是覺，是誠明，就是聖人；這一念是迷，是不真誠、虛偽、迷惑顛倒，那就是凡夫。所以，這一念就可以區分聖與狂。其實聖狂並沒有區別，本性都是一樣的。所區別的就是這一念覺，或者是這一念迷。下面「聖罔念則作狂，狂克念則作聖」，這是出自於《書經．多方章》裡面的兩句話。「聖罔念則作狂」中的「念」是指覺照，「罔」的意思是沒有。所以聖人假如沒有了覺照，對自己的起心動念不能夠省察，那麼聖人就變成凡夫了。

《三字經》一開始就告訴我們，「人之初，性本善」，就是說每個人原本都有本性本善。而佛在《華嚴經》裡更明瞭地告訴我們，「一切眾生皆有如來智慧德相」，所以如來的智慧、德相我們每個人都有。換句話說，我們每個人都可以像佛一樣稱作聖人。但是我們這一念如果迷了，不能夠起覺照，那就成為凡夫了。《大乘起信論》裡面也告訴我們，「一念不覺，而有無明」。一念不覺察，就墮在無明裡面了，墮入無明，就變成凡夫了。就這個道理，佛家跟儒家裡講的是一致的。

「狂克念則作聖」。我們現在是薄地凡夫，如何來成就聖人之道？就是克念而已。克是克服，克服我們的妄念。我們的起心動念就是迷，把這個迷克服住，不起心、不動念、不分別、不執著，這個時候就成聖人了。所以覺察的工夫非常要緊，這是成聖之道。下面：

【其操縱得失之象，喻如逆水行舟，不進則退。不可不勉力操持，而稍生縱任也。】

我們明瞭了聖凡之分，就在這一念覺或者是迷。如果是迷了，就不能覺照了，不知道自己起的念頭是惡念，就沒有辦法操守了。「其操縱得失」中的「操」，意思就是操守，就是管住我們的念頭，這是德行；「縱」就是放縱。如果我們不能夠管住我們的念頭，不能夠覺照，而放縱自己的七情六欲這些妄念，那就成凡夫了。所以「得失」的涵義是，操守就是得；放縱就是失。失去了什麼呢？失去了我們的真心本性。所以這種現象就好像逆水行舟，不進則退。古人說「學如逆水行舟，不進則退」。這個學是指學道。真的，如果我們自己沒有好好地作操持的工夫，不能常起覺照，以為自己能夠操持得住。其實哪裡知道我們是在逆水行舟，不前進的時候就是在退步了，而且一退就往往退到谷底。所以祖師勸導我們「不可不勉力操持」。要很勤勉、精進地去操持自己的念頭，不令正念迷失，不可以「稍生縱任」。「縱」是放縱，「任」是放任。馬馬虎虎、苟且、隨便，那就很難成就，只要稍稍放縱自己的念頭就會退步。

下面請看：

【須知誠之一字，乃聖凡同具，一如不二之真心。】

這個誠剛才講過，它是菩提心的性體，也是我們人人本具的妙明真心。「在聖不增，在凡不減」，佛有，我們眾生也有，所以叫「聖凡同具」。在《楞嚴經》裡面把這種真心稱為如來藏性。這個藏就是含藏的意思，每個人都有，我們眾生不能顯發出來，就叫它作藏性。

這個妙明真心，在經裡面講它是「不生不滅，不垢不淨，不來不去，不增不減」。這是形容真心的狀態。簡單地做一個比喻，我們可以用一面鏡子來比喻真心。真心常照，但是它又是寂靜的。就像鏡子，它沒有照東西的時候，它自己很清淨，是空寂的，但有人走到鏡子面前，它馬上顯出人的樣子。中國人照鏡子是現中國人，外國人去照鏡子就是現外國人，一點都不會捏造事實，不會改變外面的相。照得清清楚楚，了了分明，這是我們真心的作用。

這個寓意是什麼呢？即我們的真心雖然是「不來不去，不垢不淨，不增不減，不生不滅」，這叫不二，但是它產生作用，確實能現十法界依正莊嚴。我們的宇宙是哪裡來的？是真心變現出來的。這種真心，每個人都有。六祖惠能大師在《壇經》裡面，他開悟的時候給我們講，「何期自性，本自清淨；何期自性，本無動搖；何期自性，本自俱足；何期自性，本不生滅；何期自性，能生萬法」。這都是描述真心的狀態，我們了解到我們自己有真心。相信佛所說的人人本具之真性，雖然我們現在還沒有見到真性，但是我們知道，確實有。我們深深地相信，這對我們的修行有很大的幫助。那麼我們的志向就是要恢復真心本性，見到我們這個真心本性。用什麼方法去恢復？用什麼方法去見性？請看下文：

【明之一字，乃存養省察，從凡至聖之達道。】

見到真心的人，就稱為聖人。他們用的工夫是什麼？「明之一字」，這「明」就是「存養省察」的意思。「存」就是存心，我們的存心該如何？「養」就是修養，自身修養，「省」就是反省，「察」就是省察、覺察。這就是平時在起心動念上，在言語造作上常常起觀照。看看我自己是符合正道？還是變成了邪道？是善的還是惡的？這是「從凡至聖之達道」。從凡夫位到聖賢的地位沒有別的，只有認真地作「存養省察」的工夫。這個「達道」就是通達，到達聖賢地位的方法。下面請看經文：

【然在凡夫地，日用之間，萬境交集。一不覺察，難免種種違理情想，瞥爾而生。】

這是講我們凡夫之所以沒有辦法證得聖賢的位次，原因在哪裡？就是在日用平常生活當中，處事待人接物當中，在「萬境交集」的時候，我們每天從早到晚的生活，遇到了種種事情，見到種種人，看到種種的色相，聽到種種的聲音，我們六根接觸到外面六塵境界，眼見色，耳聞聲，鼻嗅香，舌嘗味，六根接觸六塵境界的時候；「一不覺察」，沒有觀照的時候。「難免種種違理情想，瞥爾而生」。如果不覺察，就難免會有一些錯誤的知見、錯誤的念頭——「違理情想」就生出來了。「違理情想」就是違背理性，違背我們真心本性的，不能隨順性德的這些情想。情就是七情六欲，喜怒哀懼愛惡欲，財色名食睡的貪染。這些起心動念都往往「瞥爾而生」，忽然間就生出來了。一生出來的時候我們不能夠覺察，這個時候就墮落了。要知道聖人無心，他不會起妄念。當這些念頭起來的時候，假如我們不能覺照，我們就偏離了聖道。如果這些念頭是惡念，是自私自利的念頭，是貪嗔癡慢的念頭，那麼我們就墮到三惡道裡去了。

我舉個簡單的生活例子，大家就可以想想自己是不是常常會出現違理情想。譬如說我們在用電腦的時候，要看電子郵箱。電子郵箱裡面有時候會來一些不好的郵件，你要是一看到就被它吸引，產生好奇心想進去看，這樣一起心動念，違理情想就出來了。瞥爾而生，什麼時候產生？自己要是不覺察，自己都不知道，然後進去看。假如是一些不好的、汙染的東西吸引著你，你就一直看下去，可能看了很久才突然醒悟這些東西不能看！這個時候你就產生了覺照，你就把惡業給斷掉了，趕緊回頭。再回頭看看、想想，我的墮落是從什麼時候開始的？自己也沒有覺察，所以這叫作無始無明。它沒有開始，你自己都不知道它什麼時候開始的。假如你知道它開始，你就不會讓它延續。這種違理情想一出現，就讓我們完全掉到了貪嗔癡的世界裡面，就進了三惡道。等我們覺悟了，斷除了違理情想，馬上就可以從三惡道裡出來。所以用這個例子你可以看到，一天到晚我們就在六道裡面打轉。我們的念頭一會兒起貪，那就是在餓鬼道；一會兒起嗔，那就是在地獄道；一會兒起癡心，那就是在畜生道。愚癡，見到這些不好的東西，也不懂得覺照，這就是愚癡。如果一看見別人在受苦難，馬上起一個慈悲心要幫助他，這就是在天道；如果想著我要遵守倫理道德、持五戒，這就是在人道。所以，從這裡你看看，六道輪迴怎麼來的？真是唯心所現，唯識所變。所以下面講：

【此想既生，則真心遂受錮蔽。】

當我們的妄念一起來的時候不能覺照，就隨著妄念被它拖著走，那麼我們的真心本性就被蒙蔽起來了。這就像用太陽來比喻我們的真心本性，突然出現烏雲把太陽給蒙蔽了，陽光照射不下來。那麼烏雲是不是真的把太陽蒙蔽住了？沒有！太陽還在那裡朗朗當空。烏雲代表的是無明、習氣煩惱，你把烏雲祛除掉了，太陽還是依舊放光。所以我們曉得當我們造業的時候，起心動念造惡業了，我們的真心就被蒙蔽了。雖然蒙蔽，可是真心還在，沒有受到絲毫的汙染，沒有受到絲毫的破損。那麼我們由此了解到，怎麼樣可以把真心顯現出來呢？只要把這些烏雲（無明、習氣煩惱）祛除掉了就可以了。這一覺照就回歸本性，烏雲就沒有了。我們平時生活當中要常常用這個工夫。如果真心被這些違理情想蒙蔽了，我們看：

【而凡所作為，咸失其中正矣。】

所做的事情馬上全部失掉了中正，就是偏斜了。所以有了這些違理情想，我們稱其為邪念，墮入了邪念，墮到了無明裡面以後，所做的事情全部都會失去中正。所以最重要的是趕緊回頭。大家聽到印祖的這些開示以後，要把它落實到日常生活當中。像我們如果走出講堂，走到街上，馬上「萬境交集」會都來了，各種各樣的誘惑全部都來了，那些路上不好的廣告牌，眼前的人們摩肩接踵地在路上走著，還有一些賽馬會。那麼你看到這些景象，還能不能夠保持不起心、不動念？假如一起心動念，就退到第二步了，此時能不能立刻就起覺照？馬上觀察我的念頭正不正？如果不正，趕緊回頭，不能再迷惑顛倒下去，這就是真修行。請看下文：

【若不加一番切實工夫，克除淨盡，則愈趨愈下，莫知底極。徒具作聖之心，永淪下愚之隊。可不哀哉。】

印祖講的真的是句句精彩！告訴我們在這些違理情想、貪嗔癡慢的念頭起來以後，如果不加上「一番切實工夫」，把它克服掉，把它清除掉，那麼我們現在所說的想要學聖道，想學佛，那只有口頭的，沒有實際的，就會「愈趨愈下」。雖然學佛了，如果沒有落實仍然會墮落。所以這裡面最重要的是「切實」兩個字。要把這些聖賢的教誨，切切實實地落實到我們的生活行為上。時時刻刻、在在處處去觀察，去反省，去改過，把那些五欲六塵、貪嗔癡慢、自私自利、名聞利養的念頭，「克除淨盡」。不但是克除，而且要乾乾淨淨，一點都不能留。這樣才能夠有成聖的指望。

假如我們自己有過失，要趕緊改過，不改過，那就是自己的羞恥。孔子說「知恥近乎勇」。勇是三達德之一。智、仁、勇，這是聖人的三達德。真正有羞恥心，就能夠改過。所以首先我們要承認自己是凡夫不是聖人，這樣才能夠勇於改過。透過改過自新，就會成為聖人。如果不是這麼做，我們現在學佛了，聽經也聽了不少了，有的甚至十年、二十年、三十年了，但是沒有下切實工夫，那也是「徒具作聖之心，永淪下愚之隊」。這個「徒具」就是白白地有作聖的心願，但這個心願是空的，是口頭上的，他沒有落實到行動。他的果報是什麼呢？因不真，果就不真。他的果報還是「永淪下愚之隊」。下愚就是凡夫，甚至是三惡道的凡夫，在三惡道的隊伍裡面，永遠地沉淪了，「可不哀哉」，實在太值得可憐，太令人悲哀了。下面：

【然作聖不難，在自明其明德。】

印光祖師給我們點出來，作聖之道是什麼？作聖、成佛作祖不難。我們不要看修行太難，信心都沒有了，其實不難。這一句話你看「在自明其明德」，就是關鍵在於什麼呢？讓我們的明德顯明，這就是作聖。這是自己的事情，不用求人，只要求自己。看自己肯不肯做，如果自己不肯做那就難了。如果自己肯做，發真心，精進地改過自新，這個事情就不難。你看了凡先生，我們剛剛學習過，他真正明白道理了，改造命運確實也不難，真正每天勤勤懇懇地去落實，就能達得到。

「明德」是出自於儒家四書之一的《大學》，「大學之道，在明明德，在親民，在止於至善」。「大學之道」就是大人的學問。大人是誰？就是聖賢，就是佛菩薩，他們是大人，偉大的人。他們的道是什麼？就是在明明德。兩個明，第一個明是動詞，第二個明是名詞，明德。明德就是佛家講的本性、真心。這個明德，在聖不增，在凡不減。剛才我們講的誠就是明德，可以用不同的名詞術語去描述它，但是我們都知道，這就是人人本具的妙明真心。那麼我們做聖之道是什麼？就是把這個妙明真心顯明出來，這就是明明德的意思，而且是在「自明其明德」，這個自就是自己做的，不用求人。為什麼？因為這是人人本具的明德。我們可以自己去明，那要怎麼明？只要把那些五欲六塵、貪嗔癡慢這些違禮情想「克除淨盡」，就是明明德。

下面印祖給我們用《大學》的話來開示明明德的方法。

【欲明其明德，須從格物致知下手。】

這都是《大學》裡的話。這裡的格物，物就是物欲，格就是格除、格正。宋代司馬光解釋這個格，就是格殺。格殺什麼？把你的五欲六塵、貪嗔癡慢、違禮情想，把它格殺掉，這叫格物。這些都不是我們真心裡有的東西，我們把這些格除乾淨就致知。知是什麼？知是覺照，真正能夠用智慧覺照。當我們的那些妄念起來的時候馬上能夠覺照，就能真正達到明明德。所以明德怎麼樣地顯明？就是從「格物致知」來下手。格物就是放下我們的欲望、物欲、我們的妄念。致知就是常起覺照，一有妄念就馬上覺照，然後放下。所以，「格物致知」用佛法的術語來講就是看破、放下，格物就是放下，放下你的物欲。致知是什麼？看破，就是覺照。所以成聖成賢之道，無非就是看破、放下而已。這是我們恩師的老師章嘉大師教給他的，第一天見面就告訴他，「看得破，放得下」。這就是入聖道之門。

【倘人欲之物，不能極力格除，則本有真知，絕難徹底顯現。欲令真知顯現，當於日用云為，常起覺照，不使一切違理情想，暫萌於心。】

這些開示非常好。這是為我們開示如何來落實格物致知。「倘人欲之物」，物就是物欲，財、色、名、食、睡等等這些物欲，如果不能極力格除，把它克服掉，本有的真知「絕難徹底顯現」，我們的真心本性就被這些物欲蒙蔽了。如果不能把這些物欲格除乾淨，那麼本有的真心本性就顯發不出來。所以「極力格除」的意思，就是說明我們的用功要踏實，要努力，不能夠姑息、縱容自己，有一點的那些物欲都不能讓它留下來。乾乾淨淨，一塵不染，就像鏡子，上面一點灰塵都不能留，這樣它照出來的（真知就是能照）這些萬相萬物才能夠是真相，我們才能見到真相。

那麼下來這個「欲令真知顯現」，我們都希望我們的心境空靈，而能夠覺照，這是真心發揮作用了。要讓真心產生作用，徹底地恢復真心的作用，就得在「日用云為」，就是在日常生活當中「常起覺照」。我們用的工夫，就是覺照。什麼叫覺照？「不使一切違理情想，暫萌於心」。有一絲毫的惡念，有一絲毫的分別、執著都要把它克服掉。我們唸佛的同修用的工夫，就是用這句佛號來控制自己的妄念。當自己起妄念的時候馬上提起佛號，注意力集中在佛號上面，這些「違理情想」就自然沒有了，讓佛號永遠地留在我們的真心當中，不讓任何其他的妄念「暫萌於心」。這種工夫需要慢慢地去做。請看下文：

【常使其心，虛明洞澈，如鏡當台，隨鏡映現。但照前境，不隨境轉，研媸自彼，於我何

干？來不預計，去不留戀。】

這都是印祖教導我們用功的方法。這是對利根人講的，在心上去用功。讓我們的真心，讓我們的心地「虛明洞澈」，這個心要虛。虛，就是不能有一物；明是明白，不能有迷惑。什麼東西會讓我們迷惑？只要我們內心裡還有執著、還有分別，虛明就難以做到。所以，這是讓我們心地要空，不存一物。為什麼要不存一物？物本身就是虛妄的。《楞嚴經》裡給我們講，凡是這些事相，統統是虛妄的，只有我們自性是真實的。虛妄的東西你為什麼還要執著？執著這些虛妄的東西，障礙自己的本性，這就是愚癡，所以要把它放下。要放下，首先不要執著，先放下執著，對一切人、一切事，不要勉強，要懂得隨緣，隨順眾生，就是放下執著。然後再放下分別，對一切善惡、美醜、是非，我們不要放在心上，這是放下我們的分別，讓我們的心能做到「虛明洞澈」。

這裡印祖舉的比喻，像鏡子一樣，鏡子它能「隨境映現」。人來了，它就把人現得清清楚楚，人走了之後，它絕不留任何痕跡。而且「但照前境，不隨境轉」，鏡前的這些事物，這些人事物，鏡子現得清清楚楚，但又不隨著外境所轉。它不會因為照鏡子的人高興，鏡子就高興，或者是照鏡的人哭，鏡子也跟著哭，絕對不會。你笑，它給你現出笑的樣子，它還是不動；你哭，它能夠把你的哭現出來，但是它自己如如不動。

所謂「妍媸自彼，於我何干」，這是照鏡子那些人的表情千種萬種，但是任由他怎麼變，「於我何干」？所以鏡子本身能夠做到如如不動，而且它是「來不預計，去不留戀」。鏡子絕對不會起心動念說，我還要去照那個某某某，去分別、去執著。它絕對不會起這些念頭，沒有那種預計，沒有攀緣。照的人走了，鏡子也絕對不會留戀，鏡子裡乾乾淨淨，還是一塵不染。這是用鏡子做比喻來教導我們對人、對事、對物如何用心。要學鏡子，來者不拒，去者不留，絕對不會被外境牽著走。假如我們遇到順心的境界就高興，那是貪染了；遇到那些嗔恚、令人生氣的境界，他來罵我，他來冒犯我，我就發脾氣，那是嗔恚了，這就是被牽著鼻子走了。所以，順境逆境都不動心。好的、醜的都不分別。「妍媸」這兩個字，「妍」就是美好，「媸」是醜陋。「妍媸自彼」，就是任他怎麼樣的美醜跟我沒有關係，不分別。這是講到不執著、不分別，甚至連妄想都沒有，不攀緣。

【若或違理情想，稍有萌動，即當嚴以攻治，剿除令盡。】

這是說如果我們的「違理情想」，我們六根接觸六塵境界的時候起心動念。一有萌動，剛開始發動的時候，我們馬上觀照，「嚴以攻治」。對自己的念頭要起觀照，治心要嚴。治心猶如治軍一樣，軍隊如果治理不嚴，很難打勝仗。對我們的念頭也是如此，如果治心不嚴，很容易被那些違理情想，被那些七情六欲牽著走，我們就被它打敗。所以，我們對那些不好的念頭、一切妄想執著，統統要「剿除令盡」。像殺敵一樣，不可以姑息，把這些念頭消滅得乾乾淨淨。這是教導我們用功，對自己確實要嚴格要求。下面：

【如與賊軍對敵，不但不使侵我封疆，尚須斬將搴旗，剿滅餘黨。其治軍之法，必須嚴以自治。】

這是印祖給我們做一個比喻。治心就像治軍一樣，跟賊軍對敵。什麼是賊？賊就是那些違理情想。跟它們對敵，不但不讓它侵犯我，冒犯我，不能夠讓它得勢。而且要「斬將搴旗」，對這些敵軍要消滅乾淨，把它的老營都給殲滅掉，把它的餘黨都斬盡殺絕。這是比喻對我們的煩惱習氣要毫不姑息，消滅得乾乾淨淨。所以平時用功的關鍵就是要嚴格地覺照。所以，治軍之法必須「嚴以自治」。治軍就是制心。讓我們的軍隊能夠打勝仗，平時要嚴格要求，「嚴以自治」。這樣才能做到讓我們的心「虛明洞澈，如鏡當台」。對這些違理情想能夠馬上覺照，覺之即無，馬上能放下。

【毋怠毋荒。克己復禮，主敬存誠，其器仗須用顏子之四勿，曾子之三省，蘧伯玉之寡過

知非。】

剛才是印祖對利根人的開示。什麼叫利根？就是他的善根福德很厚，能夠在心上對治煩惱。治心，在心上做這種格物致知、克明明德的工夫。治心猶如治軍一樣，煩惱就好像敵軍，敵軍來的時候，我們不可以姑息，要把它剷除乾淨。那麼平時就要練兵。練兵的方法是什麼？「毋怠毋荒，克己復禮」。這個「怠」就是怠慢、懈怠。我們平時用功不可以懶惰。「荒」是荒廢，不能夠把我們的工夫荒廢掉。所以平時就要抓緊時間用功。你能這麼樣用功，時時刻刻都提起覺照而不懈怠，你就是利根之人，那麼你成聖成賢速度就很快。用功是克己復禮，就是克服自己的煩惱、習氣毛病，服從禮儀。身體要服從禮儀，心要懂得「主敬存誠」，就是心中有誠敬，這個誠敬非常重要。印光大師常說，「一分誠敬，得一分利益；十分誠敬，得十分利益」。人能不能夠成聖成賢，關鍵是我們能不能保持我們的誠敬之心。如果懈怠、懶散、放縱自己了，那麼誠敬之心就沒有了。我們要這樣用功，就好像我們在練兵似的，平時就要這麼認真用功。練兵，軍人都要有武器。武器是什麼？「其器仗須用顏子之四勿」。這是兵器。用的是什麼？有三種。這裡舉了歷史上的三位賢人。

第一位是顏回，這是孔子最贊賞的學生。他有「四勿」，這個四勿是什麼？在《論語》裡面，孔子教導顏回要克己復禮。用克己的工夫就是「非禮勿視、非禮勿聽、非禮勿言、非禮勿動」，就是四勿。而顏回聽到老師的教誨以後，終生奉行，一生真正做到。所以，他也成聖成賢。這個禮，就是說禮度。禮度是什麼？就是我們平時的視、聽、言、動，就是所看到的、所聽到的、所說的、所做的都要符合古聖先賢制定的標準。就是指我們身體動作要懂得守戒條，因為這個禮是古聖先賢制定的，是人們的生活規範，它是性德的流露。所以依禮而行事就能夠幫助我們從凡轉成聖，在佛門裡面稱為戒律，就是持戒。

儒家講的禮，最根本的是落實《弟子規》的教育。所以你看孔子在《論語》當中教導孔門弟子要做到什麼？「弟子入則孝，出則弟，謹而信，泛愛眾，而親仁，行有餘力，則以學文」。這就是《弟子規》的綱領，要做到這七個方面。孝順父母，事奉師長，這是孝悌；能夠生活謹慎，行為、說話謹慎而又誠信，這是謹信；同時把愛心擴大，幫助社會，幫助眾生，這是愛眾；跟有德行的老師、有學問的老師學習，這是親仁，同時在落實了這些德行的基礎上學文，就是學古聖先賢的教誨。學文是幫助我們力行的，學文力行同時落實才真的叫解行並重。這是禮，禮的根本在此地。所以這是儒家的根。如果我們拋棄了《弟子規》，把禮拋掉了，不學禮了，光學儒，搞儒學，把四書五經、十三經都能背下來，那麼一個不懂禮的人只有這些知識，充其量只能叫儒學家，不是真儒，不是君子儒。

還有曾子的三省，曾子也是孔子的學生，他的名字叫曾參。曾參每天反省自己，在三個方面反省，「為人謀，而不忠乎」，「與朋友交，而不信乎」，「傳，不習乎」。這個「為人謀，而不忠乎」，是指做事情的時候，我們想想有沒有忠於職守？對於我們自己的工作，或者別人拜託我們的事情，有沒有盡心盡力地去做？這是忠！什麼事情都盡心盡力，這是忠。我們每個人都有工作，譬如有當老師的，那麼就想一想有沒有認真備了課以後才上講台？在我們此地做義工，想一想我們有沒有盡心盡力地把這個工作做好？當父親的，有沒有盡到父親的責任？當母親的，有沒有盡到母親的責任？為人子女，有沒有盡到子女的本分？這都是忠，這都是敦倫盡分。第二條，「與朋友交，而不信乎」，我們做人最關鍵是誠信。跟朋友交往有沒有信用？自己有沒有自欺欺人？有沒有打妄語？對人有沒有不真誠？這就是第二個方面。第三個方面，「傳，不習乎」，老師傳授給我的知識和教誨有沒有去落實？有沒有去實踐？每天我們聽到聖賢的教誨，比如說讀《弟子規》，有沒有把《弟子規》變成自己的生活？這是傳授了，要去實踐。不能夠說我學到了，知識是知識，生活是生活，把知識和生活分開了，這就是傳不習了。我們每天這麼反省，這就是學習曾子的三省，這就是成聖之道。

還有一個故事是講蘧伯玉，這是春秋時代衛國的一位大夫。《了凡四訓》裡面曾提到他，可見得作者了凡先生也是以他為榜樣來學習的。「蘧伯玉之寡過知非」，蘧伯玉在二十歲時就開始檢點過失，每天反省，每天改過。到了二十一歲，看看過去二十歲的時候，還有很多過失沒有改，到了二十二歲又回頭看二十一歲這一年，還有很多過失沒改。天天都在改過，天天都在知非。一直到了五十歲，回首四十九年，還發現有過失，每天都不放縱自己。這就是蘧伯玉給我們做的示範，給我們做的一個好榜樣。下面經文講：

【加以戰戰兢兢，如臨深淵，如履薄冰，與之相對，則軍威遠振，賊黨寒心，懼罹滅種之極戮，冀沾安撫之洪恩。從茲相率投降，歸順至化。盡革先心，聿修厥德。】

剛才所提到的三個例子，三位賢人：顏回、曾參、蘧伯玉，都是用的反省改過的工夫。還要加上什麼？「戰戰兢兢，如臨深淵，如履薄冰」，這是表示我們戒慎恐懼的樣子，每天都小心謹慎地過日子。「戰戰兢兢」是表示很謹慎、小心。「如臨深淵」，我們都會有這種經驗，像我有一次爬上了自己住的地方，我們住的那個高樓總共有四十五層。我爬上了天頂之後，探了頭向下面一看，這真是深淵！我的心就在怦怦地跳，手腳就不由自主地趕緊抓住欄杆，自然就謹慎起來了。「如履薄冰」，就像在薄冰上走。冬天北方都結冰，可是剛剛結冰的時候，冰還是很薄的。你如果走在很薄的冰上面過河，要輕輕地走。你要是大力地踏下去，恐怕那一隻腳就會踏到冰窟窿裡。再大力一點，人就會掉進冰窟窿，那就完蛋了。因為掉進水裡還容易爬起來，掉到冰窟窿裡面，那很難爬得出來，很危險。這是用比喻提醒我們，應該這樣小心謹慎地對待自己的煩惱習氣，絕對不能掉以輕心。

「與之相對」，就是跟這些敵軍相對，煩惱好比是賊軍，我們外面接觸的色聲香味觸法，這六塵好比是賊，佛經裡稱為六賊。跟這些賊兵相對的時候，如果我們這麼樣地謹慎小心，絲毫不掉以輕心，加上我們平日治軍很嚴，反省覺照的工夫得力，真的是可以做到「軍威遠振，賊黨寒心」。軍威就是指我們的工夫得力，覺照的工夫得力。那麼賊兵就拿我們沒辦法了，甚至他會投降。這是代表什麼？代表煩惱習氣轉化過來了，佛經裡稱的煩惱即菩提。當我們能夠有智慧的時候，煩惱就沒有。如果我們沒有智慧覺照，煩惱就能夠做主了，這是用這個比喻來闡明「與之相對，則軍威遠振，賊黨寒心，懼罹滅種之極戮，冀沾安撫之洪恩」。這是說賊兵他們都害怕，害怕被滅種。我們因為軍威大振，我們工夫得力，所以煩惱不能起現行，它不能起現行，它就投降了。假如我們打不過它，我們就可能會投降。現在我們工夫得力，它們就歸降於我，這是講煩惱化成菩提了。所以，煩惱也並不是壞事。有煩惱我們一覺照，智慧就反而提升了。

「從茲相率投降，歸順至化」，它歸順了，投降了，就能夠「盡革先心，聿修厥德」。每個人的真心本性都本自俱足，只要把我們的真心本性的那些障礙祛除掉了，那麼我們的真心本性自然現前。煩惱化成菩提，智慧現前，真心就全顯了。「聿修厥德」，就自然能讓我們的性德得以彰顯。這個性德要顯，要靠修德。因為我們本有真心，真心比喻性德，真心性德還要用修德去顯。「聿修厥德」是《詩經》裡的話，祖師以此來代表透過修德而顯性德，就能夠轉煩惱為菩提。下面：

【將不出戶，兵不血刃。舉寇仇皆為赤子，即叛逆悉作良民。】

這些比喻都非常好、非常明確，都表示我們戰勝煩惱了。什麼是煩惱？其實煩惱本無，本覺本有，不覺本無。當我們能夠時時覺照的時候，煩惱當然就不起現行了。所以將不用出戶，兵也不用血刃。你要真把煩惱看實在了，真要出我們的猛將去殺敵，用我們的這些兵器血刃而歸，那你的煩惱還不能夠完全轉化。其實煩惱本無。只要我們有這種常照真心，常常覺照，就可以自自然然讓煩惱歸降，就沒了。所以「舉寇仇皆為赤子」，那個寇仇是什麼？原來就是赤子。這就是佛經裡講的「煩惱即菩提，生死即涅槃」。寇仇即赤子，赤子就是我們的孩子，哪裡是我們寇仇？這就入不二法門了。原來煩惱也並非壞事，只要能覺照，煩惱即菩提。「即叛逆悉作良民」，叛逆的人都變成良民了。這是代表我們真正覺悟的時候，常起觀照就不會起煩惱。

【上行下效，率土清寧。不動干戈，坐致太平矣。】

這裡「上行下效」也是比喻。比喻什麼？這個上就是指根本，上行就是指從根本修。根本是什麼？根本是我們的心。如果我們能夠從自己的心地下手去修，把這個心修正了，那麼言行自然就正，這就叫上行下效。修心為上，修言行就為下了，只要把心修好了，言行就自然正了。所以修身在哪裡？在誠意正心。把我們的意念真誠，把我們的心端正，身就修好了。「率土清寧」這也是比喻，比喻打勝仗，你看打勝仗了之後，整個國家就清靜了、安寧了。這個土代表我們的心地，整個心地都清淨了。真正在心上修，讓我們的心清淨，哪裡還有煩惱！所以心不清淨就有煩惱，心一清淨下來，煩惱就沒有了，就「不動干戈，坐致太平矣」，也不用去打仗了。本來的本性本善現前，煩惱就都沒有了，生死也沒有了，「坐致太平矣」就比喻明心見性，成聖圓滿了。所以關鍵就是要消除業障。這些不清淨的東西要把它祛除掉，因為不清淨的東西、煩惱的東西原來沒有。下面請看：

【如上所說，則由格物而致知，由致知而克明明德。誠明一致，即凡成聖矣。】

這都是《大學》裡的話。印祖用儒家的話，但是把佛理講得非常清楚。所以原來要怎麼樣子去修行？要從根本修。根本就是把障礙我們真心本性的那些煩惱統統祛除乾淨，用覺照反省的工夫把它祛除，祛除以後一看，原來的本性就真現前了。這裡說的「格物而致知」，這都是《大學》裡講的，由格物而致知，由致知而誠意，誠意而正心，正心而後修身、齊家、治國、平天下，這是聖人明明德之道。所以從哪裡做起？就從格物開始。所以致知在格物，由格物而達到致知。

剛才已經談到了，格物就是格除、格殺物欲，致知就是覺照，以達到智慧現前。在佛法裡講格物即是放下，致知即是看破。把五欲六塵、自私自利、貪嗔癡慢等違理情想，祛除乾淨以後就有智慧了。在六根接觸六塵境界時，不為它所動，那麼明明德就做到了。明德是真心本性，真心本性就能夠顯現了。所以真心本性要展現，並不是說我們要學多少大經大論，要懂得多少道理，如果懂得道理卻不能夠落實，沒用。要從哪裡做起？從格物。這就是我們老老實實地認真檢點自己的心地，把心地裡的那些障礙、拉拉雜雜的東西全部掃除乾淨。這句話「由致知而克明明德」，中間還有致知而後誠意，誠意而後正心，正心而後修身、齊家、治國、平天下。誠意，就是讓我們的意念真誠。正心就是讓我們心地純正。從佛法的高度上來講，誠意、正心講的就是明心見性。明心見性從哪來？來自格物、致知。不斷地跟物欲格鬥，不斷地覺照反省，就能夠明心見性，就能夠發揮真心本性的全體大用。心性當中萬法本自俱足，大用現前的這個用，即是發揮作用，就是修身、齊家、治國、平天下。

自身修好了，接著就是齊家，讓自己的家庭也跟我一樣修好，就是在家裡做個好榜樣。接著，讓這個社區也得以感化，讓全國都得以感化，這就是治國。使國家安定，最後就是使世界和諧。我們說和諧世界，從哪裡做起？從我做起，從我心做起。佛法裡講，不但要和諧我們這個地球，也要使宇宙和諧。所以天下，擴而展之就是指虛空法界，平天下就是廣度一切有情。這就是成佛了，成佛之後，普度一切眾生。從哪修起？最初下手處就是對治自己的煩惱習氣，這叫格物。

真正達到明明德，誠明就顯現了。「聖賢之道，唯誠與明」，誠是體，是定；明是用，是慧。真正修行圓滿了，誠明自然顯現，就是我們說的定慧等持、圓滿；就是即凡成聖，凡夫就可以變成聖人了。所以，凡夫和聖人區別在哪裡？就是差這麼一點，就在迷悟之間。凡夫不能夠覺照，所以不能夠格物致知。聖人念念覺照，念念圓滿，格物致知，誠意正心，最後達到明明德。

所以，這部分是印祖對利根人適用的方法，告訴我們要從根本修。從我們心地下手，把我們心地上的那些灰塵掃除乾淨，真心本性豁然現前，就轉凡成聖了。

當然，如果我們覺得自己用這種心地的工夫比較困難，印祖下面又給我們介紹了對鈍根人的開示，就是說如果不能夠從根本上下手去修行，還有漸修的方法。對利根的是求頓證，對鈍根來講是要漸修的。鈍根的鈍是指愚鈍的鈍。請看經文：

【其或根器陋劣，未能收效。當效趙閱道日之所為，夜必焚香告帝，不敢告者。即不敢為。】

「根器陋劣」就是指業障深重的凡夫，善根福德都比較少。像我們平時觀察一下自己，發覺自己確實是根器陋劣。什麼是根器陋劣？就是老師給我們講的，即使每天講，每天勸，勸了多少年還是不肯回頭，自己也努力，但還是不能把習氣毛病改過來，這就是根器陋劣，佛門裡叫作業障深重。所以「未能收效」，不能夠把我們的習氣收斂。那怎麼辦？也有辦法，印祖勸導我們要效仿趙閱道，在《了凡四訓》裡面提到過他，了凡先生也是學習趙閱道的修行方法。

了凡先生也不是利根，他是鈍根，也是一個業障深重的凡夫。為什麼？因為習氣毛病不能夠一下改過來，要長時間地去修行。你看他頭三千件善事，受持功過格，做一件惡事就要把一件善事抵銷掉，因為每天都造惡，所以每天造的善事都不夠彌補。所以做頭三千件善事的時間很長，十年有餘才做完，所以這是鈍根人。那麼我想想我自己更是鈍根，就像聽經，從十年前見到我們師父上人以後，到現在整整十年了，聽經也十年了，每天發現自己還是有很多過失。所以，我比了凡先生更鈍。那怎麼辦？要老老實實地做鈍工夫。

這裡講到效仿趙閱道，趙閱道是宋朝時候的一位御史，一位官員。御史相當於我們現在的檢察長，就像現在的紀律檢查委員會主任這一個官職。當時在朝廷專門負責彈劾貪官污吏。他為人清正，彈劾不避權貴，所以人稱鐵面御史。他自己生活也很清廉。最後退休的時候，朝廷敬重他的人品，把他封為太子少保，就是太子的老師。他在臨終的時候，一點都不昏亂，非常地清醒，含笑而終。這都是因為一生造善的緣故。趙閱道留下一部書叫《趙清獻集》，因為皇帝封給他一個「清獻」的謚號。他的文章都收到《趙清獻集》裡面，被收錄在《四庫全書》裡面。他一生所受持的改過修行的方法就是「日之所為，夜必焚香告帝」。每天焚香禱告，晚上把一天的所作所為禱告上帝，對天祈禱。當然做的好事，禱告起來就心安，如果做了惡事，起了壞的念頭，禱告起來就會很不好意思，很慚愧。所以「不敢告者，即不敢為」，每天在造作的時候馬上想到，晚上我要對上帝禱告，這個事情不能禱告的話我就不能做。這就是業障深重凡夫勇猛精進，立志改過修行的方法。

業障深重不怕，只要肯立志，沒有消不了的業障，沒有消不了的煩惱習氣。斷除煩惱習氣就像戒菸一樣，煩惱習氣本無，像你抽菸。你剛生下來的時候不抽菸，沒有抽菸的習慣，是後來才染上的。現在讓你去戒，但是戒菸也要咬牙。雖然原來沒有這些習氣，是後來才染上的，現在要恢復到原來的狀態，把這些習氣毛病戒除，也要咬牙堅持，不咬牙這個習氣永遠改不過來。像我認識一位同修，他有邪淫這種念頭，自己也很煩惱。但是學了佛以後真正發願，立志改過自新。每次有了這些邪念，真的是對天發誓，日後再也不做了。可是後來還幹，還起這些壞念頭，於是就刺血寫下誓言，寫血書來發誓改過自新。最後，真正讓自己改正了。這就是我們說的，有業障並且業障很重都不怕，怕的是自己不肯改。下面：

【袁了凡諸惡莫作，眾善奉行，命自我立，福自我求，俾造物不能獨擅其權。】

印光大師勸導我們要效仿趙閱道焚香告帝，效仿「袁了凡諸惡莫作，眾善奉行」。袁了凡的這篇《了凡四訓》，是寫給兒子的家訓，我們剛剛學習過，大家都印象很清晰。第一篇講立命之學，告訴我們「命自我作，福自己求」這個大意。命運是可以改造的，是可以自己重建一個幸福美滿的人生的。怎麼做？就要用「諸惡莫作，眾善奉行」，改過修善，這個原理原則跟佛經講的是一樣的。「諸惡莫作，眾善奉行，自淨其意，是諸佛教」，佛的教誨就是這幾句話。所以我們可以把《了凡四訓》當作佛經來看。這就是為什麼印光大師極力提倡《了凡四訓》的原因，它確實符合佛講的這些道理。消業障關鍵就是要做到這兩條。

很多人所理解的消業障，就是去寺院裡面燒香磕頭，求消業障。可是每天還是想做什麼做什麼，沒有改習氣毛病，這個業障就還是消不掉。業障怎麼消？只要把我們的惡習氣改過來了，業障就消除。眾善奉行就是要存著一個善心而行善事。我們如果以為自己是發善願了，像下樓去買彩票，或在樓下的賽馬會裡買獎券，求佛菩薩加持能夠中獎，如果能中一百萬，就布施給佛門一萬，這叫眾善奉行嗎？這是養自己的貪心。這哪裡是眾善奉行！這是惡念，這是變成眾惡奉行了，業障怎麼可能消除？福報怎麼可能增長？命自我作，福自己求，這種命沒辦法改造，福也沒辦法修。所以我們懂得這個道理之後，真正要從哪裡做起？要落實《弟子規》、《感應篇》、《十善業道經》，這是善福的根本，再加上《了凡四訓》，作為我們改過修善很好的一部教材。下面：

【受持功過格。】

《了凡四訓》中，了凡先生告訴我們，他一生就是受持功過格。做的善事記一功，造了惡，犯了這些毛病，記一過，以過來折功，抵銷以後，自己就了解剩下有多少功了。每天我們也應當效仿了凡先生那樣，用功過格來檢點自己。我們現在先要寫日記，日記記什麼？就記自己這一天做的善，做的惡，一條條寫下來。看看是善多還是惡多，如果是善少惡多，那我們就知道，命運一定是禍多福少。了凡先生是每天這麼做，他用治心篇，就是我們所說的日記本，紀錄自己的功過、得失。他太太也做，太太不識字，拿一個鵝毛管印圈子。如果做了件善事，在功過簿上面印個紅圈。

宋朝有一位趙康靖，他用的工夫也差不多。他每天用一個瓶子來作為自己的功過簿。如果自己心裡面起了一個善念，就在瓶子裡放一個白色的珠子；如果是起了一個惡念，就放一個黑色的珠子。趙康靖先生每天檢點這個瓶子，看看裡面是白珠多還是黑珠多。一開始白珠少黑珠多，證明什麼？說明念頭裡惡念居多。然後，慢慢慢慢地改，後來就持平了。最後，白珠子多黑珠子少。這樣日復一日地修行，最後整個瓶子都是白珠子，純善而無惡，心地達到純淨純善了。這個時候趙先生就把這個瓶子扔掉了，不要了。為什麼？已經達到心地誠明的境界，達到了純淨純善了，珠子、瓶子都拋掉了。

可是一開始所做的工夫，一定要老老實實，還要有耐心。功過格也好，印圈子也好，拿珠子也好，反正要耐心去做。不要三天打漁兩天曬網，不能夠做上三天五天就不做了，那麼業障就會總是消不掉。用來判斷善惡的標準，《了凡四訓》是最好的標準，《弟子規》、《感應篇》、《佛說十善業道經》，也都是很好的標準。古來的祖師大德，像蓮池大師有《自知錄》，還有現在我們看到的《德育課本》，講的都是孝、悌、忠、信、禮、義、廉、恥的這些故事，都可以作為我們的善惡標準。每天去受持，就一定可以達到斷惡修善，最後轉凡成聖的效果。

【凡舉心動念，及所言所行，善惡纖悉皆記。】

這是講功過格不僅是要記下我們做的事，還有起心動念都要記。起心動念所造的惡，是意惡，「所言」是口惡，「所行」是身惡。身、口、意三種惡要「纖悉皆記」。善的惡的都要記，尤其要對治自己的惡習。身的惡：殺生、偷盜、邪淫；口的惡：妄語、兩舌、惡口、綺語；意的惡：貪、嗔、癡，這些統統都要對治。

【以期善日增，而惡日減。】

我們的希望就是善事、善行、善言、善念每天增加，而惡事、惡行、惡言、惡念每日減少。學習聖道在於累積，每天這樣奉行，總有一天可以轉凡成聖的。

【初則善惡參雜，久則唯善無惡，故能轉無福為有福，轉不壽為長壽，轉無子孫為多子孫。現生優入聖賢之域，報盡高登極樂之鄉。】

這裡講的就是讓我們要學習袁了凡，用功過格修。一開始「善惡參雜」，有善有惡，慢慢幫助你起覺照，看見有惡的馬上去反省，馬上改過，久久地，用的工夫久了，「唯善無惡」了。這樣就能夠有效果。斷惡修善是因，遠禍得福是果。所以你就能「轉無福為有福」，轉不壽短命為長壽。了凡先生就是這樣修的。他命中沒有功名，他能考上進士；他命中只能活到五十三歲，他最後活到了七十四歲；「轉無子孫為多子孫」，他命中無子，後來生了兩個好兒子，這都是福報。「現生優入聖賢之域」，不但能夠改造命運，能夠心想事成，而且這一生可以成聖成賢。這一生在世間「學為人師，行為世範」，唸佛人要求生淨土。來生就是指我們這一生報盡了，業報身盡了。「高登極樂之鄉」，蓮登上品，這是講我們的歸趣。所以我們修行最後導向哪裡？要求生西方極樂世界，這才是真正轉凡成聖的究竟圓滿。下面：

【行為世則，言為世法。】

做聖賢的人是什麼人？就是「學為人師，行為世範」，真正做世間的好榜樣。則就是法則。他的行為能夠做世間的榜樣，他的言論是教誨大家的聖賢之言。那麼我們現在一心求作聖賢、求成佛，從哪裡做起？從對我們的身口意的造作，念念反省回頭開始。這就是「行為世則，言為世法」。人家看到你了，自然受你的感動。最後還有一句：

【彼既丈夫我亦爾，何可自輕而退屈。】

這就是聖賢人，誰都可以做。釋迦牟尼佛做到了，孔子、孟子做到了，袁了凡做到了，他們都成為了大丈夫，那麼我們也可以做到。所以，怎麼可以自暴自棄，而退屈不前？《弟子規》上講，「勿自暴，勿自棄，聖與賢，可馴致」。我們要有堅定的信心、願心、決心，這一生是可以成就聖賢之道的。

印祖為我們指出上根人應從心地開始修行，那麼中下根人要格物致知，就要效法趙閱道的焚香告帝，效法了凡先生的功過格來修行，達到每日知過自新，就能從格物而致知，最後可以致明明德，也就是成就聖賢的圓滿。

【或問，格物乃窮盡天下事物之理，致知乃推極吾之知識，必使一一曉了也。何得以人欲為物，真知為知，克治顯現為格致乎。】

這裡是很多儒學家所疑惑的，因為很多的儒學學者，他們通常認為格物就是窮盡事物之理，也就是讓我們研究天下萬物之理。格就是格盡，包括宋明理學，很多的學者都是這個觀念。那麼致知？他們認為是要推展我們的知識，以達到樣樣都能夠明瞭，這是他們的理解。但是，印祖說這種理解不正確。正確的理解，格物不是說一定要窮盡物之理，一定要通達明瞭萬事萬物的理，才能達到最後成聖賢。不一定。下手處不是在於學習萬物之理，而是要格除物欲。所以這裡格物和致知，我們前面曾講到就是放下五欲六塵，放下人欲，放下違理情想，而常起覺照，使這些過失不生，而回歸本善，這才是格物致知的道理。看看印祖是怎麼樣回答這些學者的疑惑的。答曰：

【誠與明德，皆約自心之本體而言。名雖有二，體本唯一也。】

這一段，印祖針對一般學者的錯誤理解來加以解答。他說誠與明德，誠是在《中庸》裡講的，明德是在《大學》裡講的，這些講的都是自心本體。誠就是指純真無妄，而沒有任何的妄念，這才叫作誠。明德是指心性，心性之體就是明德。所以這兩者講的都是同一件事情，都是指我們自心之本體，也就是佛家講的自性、佛性。它們「名雖有二，體本唯一」，它們並沒有區別。在體上講，這兩者是同一的，都是講自性的性體。下面：

【知與意心，兼約自心之體用而言，實則即三而一也。】

這裡講的三樁事，一個是知，一個是意，一個是心，這都是引用《大學》的術語。《大學》裡講格物、致知、誠意、正心。這個「知」就是致知，「意」就是誠意，「心」就是正心。那麼這三件事情，實際上也是一件事情。它講的是本體的作用，從用上來講，剛才是體，這裡是講用。「實則即三而一」，就是三個就是一個，一個就是三個，都是性德發揮的作用。

【格致誠正明五者，皆約閑邪存誠，返妄歸真而言。】

這裡講的這五個名詞，「格致誠正明」就是格物、致知、誠意、正心、明德。這五個方面其實說來說去都是說一件事情，簡單地說就是讓我們回歸本性，讓自心的明德得以顯發。而格物、致知、誠意、正心皆是什麼？「閑邪存誠，返妄歸真」。這裡講的「閑邪」，閑就是防範的意思。邪就是邪惡。所以這是防惡。把惡能夠袪除，能夠防範，那麼我們的心就誠了。所以閑邪和存誠也是一個體的兩面。我們怎麼樣能夠使我們的心誠呢？因為能夠誠就是明，明德就能顯現，自性的德用就能顯現。那麼要做的就是閑邪而已，所謂防非止惡，改惡修善。這樣我們的心就誠了。「返妄歸真」就是從虛妄那裡回頭，回歸到真實。這裡真實就是指自性。什麼才是真實的？只有自性是真實的，其他都是虛妄的。「凡所有相，皆是虛妄」，一切的宇宙萬事萬物，這些現象都是虛妄的。為什麼？都是我們這一念妄心變現出來的。所以只要明瞭了，從虛妄裡面回頭，所見的是真心、本體，就歸真了。所以「格致誠正明」這裡也是講的同樣的事情。下面：

【其檢點省察造詣工夫，明為總綱，格致誠正乃別目耳。】

我們明白這個道理之後，就要做工夫，那就是要「檢點省察造詣」，下這個工夫。檢點、省察就是我們在日常生活中起心動念，要懂得觀照。凡是起了惡念，要把惡念化成善念，甚至起心動念都錯了，讓自己的心空明。造詣就是全神貫註，不能到達真如境界就誓不罷休。這是講我們所下的工夫，這個工夫裡面一定要有定有慧，戒定慧都要有。所以「明為總綱」，這裡明就是智慧，以智慧為總綱。這裡的智慧講的是真實智慧。佛門講般若，般若就是智慧，那就是要常常觀照「一切法，無所有，畢竟空，不可得」，能從妄相當中回頭，這就是智慧。同時也要觀照，深信萬法皆空，因果不空，這都是智慧。

「格致誠正乃別目耳」，格物、致知、誠意、正心這都是講明的不同的科目，這是細目。換句話說，我們在日用平常當中都要做到格物，放下我們的物欲：自私自利、名聞利養、五欲六塵、貪嗔癡慢都要能放下。要常常起觀照，觀心，返躬自省使意念真誠，使心地空明。所以在日常生活中要懂得隨緣而不攀緣。對一切事情都不可以起心動念去攀緣，哪怕是好事都不攀緣，弘法利生的事也不攀緣。弘法利生也要懂得隨緣，隨緣才能自在。別人請我們去講，人家留我們講，我們還要看看這些眾生得度的因緣是否已經成熟；如果人家不請我，我卻非得要去給人家講，那麼這樣起心動念就是攀緣。所以在平時就要用心，我們自己真正要做到師父所講的「真誠、清淨、平等、正覺、慈悲」；在行持上，要懂得「看破、放下、自在、隨緣、唸佛」。這是真實的修菩薩道，這是聖賢之道。印祖下面說：

【修身正心誠意致知，皆所以明明德也。】

工夫有淺深不同，有次第先後，可是目標都是一致的。這個目標是什麼？都是為了明明德，恢復我們本具的性德。修身、正心、誠意、致知，這都是修行的科目。

【倘自心本有之真知為物欲所蔽，則意不誠而心不正矣。】

我們要達到誠意正心，可是平時為什麼我們意不誠、心不正？印祖一句話就給我們點出來了，就是「自心本有之真知，為物欲所蔽」。真心，就是佛家講的自性，儒家講的明德，都是我們本有的。聖人跟凡夫沒有區別，但是現在我們為什麼會變成凡夫了？這是因為我們的自性明德被物欲所蒙蔽，也就是說我們被五欲六塵、貪嗔癡慢這些煩惱牽著鼻子走，而不能夠回歸本性，這就是被境界所轉。譬如說看到好吃的，就起了貪心；看見錢財，就有貪欲；遇到別人冒犯我，侮辱我，陷害我，心裡就起了嗔恚；這統統都是被外境所轉。而這樣一起心動念就是攀緣，被緣拉著走。那麼本有不變的真心就被這些煩惱給蒙蔽住了，這樣就「意不誠而心不正」。心裡有念頭，這就是意不誠。心裡起了煩惱，這就是心不正。所以我們平時修學的工夫，關鍵的是要在境緣上面修什麼呢？要修不分別、不執著、不起心、不動念。不要樣樣都要按照我的意思去進行，要按照我的計劃，要按照我的理想，這統統是執著。要把這個我放下，我所有的這些的意念、想法都應該統統放下，放下我見。在順逆境界中不起貪嗔的念頭，順境不生貪染，逆境不生嗔恚。這樣任由這些虛幻之相在我們面前，我仍是如如不動，那麼自然就做到了誠意正心。所以，切實工夫就是要格物。把這些人欲、物欲，蒙蔽我們真心本性的這些違理情想格除掉。

【若能格而除之，則是「慧風掃蕩障雲盡。心月孤圓朗中天」矣。】

這個工夫落實了，把我們這些物欲、違理情想「格而除之」。格是格鬥，要跟自己的欲望做一番格鬥，就像與敵軍對陣，不可以稍有姑息，而應該勇猛地把它格除乾淨。其實人人都是真心本自俱足，無非就是要把障礙真心、蒙蔽真心的這些物欲祛除，因為那些統統都是妄念，都是妄想分別執著。你把它祛除了，就像祖師的一句偈子，一句詩來形容的，「慧風掃蕩障雲盡」。慧風就是智慧，就是覺察、觀照。這是智慧，智慧一覺察，那些違理情想就自然沒有了，就好像一陣風把那些烏雲掃蕩乾淨了。這個障是業障，障礙我們自性光明的東西，用來比喻五欲六塵。把這些掃蕩乾淨之後，就是「心月孤圓朗中天」。這才發現原來我們本有的心性本來沒有動搖，像十五的月亮在空中高掛著，依然在那裡放光。這個月亮是比喻心性。所以心性根本沒有受那些五欲六塵所動搖，它依然如故。只要我們把這些五欲六塵格除乾淨，心性就能顯發。印祖說：

【此聖人示人從泛至切，從疏至親之決定次序也。】

《大學》裡面講的，從格物、致知到誠意、正心，乃至於修身、齊家、治國、平天下，而大明其明德，都要有次序。聖人教導我們下工夫，下手處要從格物開始。「從泛至切」，「泛」就是泛泛，意思是講慢慢地從泛泛走上切實。「從疏至親」是從疏遠的走到親近的。這是講要平天下的人，要大明明德於天下的人，都要從疏遠的、泛泛的，慢慢走到切實的、親近的。這是什麼意思呢？就是指從我做起，從我自己格物開始做起，放下自己的那些違理情想。凡是不符合性德的那些念頭，統稱是妄想執著，統統放下，這樣是決定可以成聖成賢的，不可以本末倒置。《大學》裡講，「自天子以至於庶人，一是皆以修身為本」。要從我自己來開始修身，不是從修別人開始。所以不可以本末倒置，把次序顛倒了。

【若窮盡天下事物之理，俾吾心知識悉皆明瞭方能誠意者，則唯博覽群書遍遊天下之人，方能誠意正心以明其明德。未能博覽閱歷者，縱有純厚天資，於誠意正心皆無其分，況其下焉者哉，有是理乎？】

這一段印祖給我們分析得好。很多學者都以為格物就是「窮盡天下事物之理」，就是要通達，學習就是要博學，要學習很多東西，這樣才能夠窮盡天下事物之理。才能夠「俾吾心知識悉皆明瞭」，才能讓我自己對一切統統都明瞭了，就是要學得很廣，這種人才能叫格物致知，才能夠誠意，「方能誠意」。如果這種人說的確實是有道理的話，印祖反問了一句，就問得很好！「則唯博覽群書遍遊天下之人，方能誠意正心，以明其明德」。按你這種說法，豈不是說一定是要有博士學位的人，他博覽群書，學識很豐富，是高級知識份子，這還不夠，還要遍遊天下，有很寬廣的閱歷，這種人才叫格物和致知？照你這樣理解，只有這種人才能夠「誠意正心、明其明德。」可是那這種人實在太少了！

「未能博覽閱歷者」，如果是沒有辦法做到博學、遍遊天下的人，那麼「縱有純厚天資」，哪怕是他的天資很純厚，就是我們所說的善根很厚，很純樸、很厚道，老實人，這種人也不能做到誠意正心？「於誠意正心皆無其分」，難道你講的是這個道理？這種純厚天資的人倘若不能夠博學，增長閱歷，他就不能達到誠意正心？「況其下焉者哉」。那麼下根的人，天資沒有那麼純厚的人，豈不是更沒有指望了？他就更不可能明明德了，也就不能夠成聖成賢了。

我們看看佛門裡面，沒有文化的人，反而能夠大明其心性而成佛作祖的，確實有！禪宗六祖惠能大師就是。惠能大師一個字也不認識，沒有文化，更談不上博學了，窮盡事物之理他做不到，他也沒有很寬廣的閱歷。他是一個窮苦人家的孩子，以打柴維生，孝養他的老母親，後來聽到別人念《金剛經》，念到「應無所住，而生其心」，他開悟了。然後求學於五祖的麾下，最後五祖給他講《金剛經》，他就大澈大悟，他就大明其明德了，成佛了！他的境界，跟釋迦牟尼佛的境界沒有兩樣。這是一個最好的例子，說明一般學子所理解的，格物和致知是窮盡事物之理而推廣知識的這種解釋是錯誤的。由於理解上的錯誤，就導致修行上的偏差。

真正能夠成聖成賢不在乎你學的多少，而是在乎你放下了多少。老子說「為學日益，為道日損」。求學確實要廣博你的知識，但是你要求道，要恢復你自己本有的真知性德，那就得放下。放下什麼？放下五欲六塵，放下物欲，這就是格物。所以格物應該是這樣理解的。如果理解錯了，我們就是在做儒學，做佛學了。知識學得很多，但是沒有切實地在格物，沒有在格除物欲上面下工夫，那不叫學儒，不叫學佛。學儒和學佛貴在力行，貴在放下。儒學和佛學不注重這些方面，而是在於求知，求知識，所以往往會背道而馳。成聖成賢跟你學的知識的多少關係不大，跟你明白多少事物之理關係不大，關鍵在於我們能不能夠放下。放下自己的自私自利、名聞利養、五欲六塵、貪嗔癡慢、分別執著，能不能放下這些，放下了，那麼你就能明其明德。

祖師這段開示是撥正我們的理解，不要讓我們在理解上有偏差。當我們正確地理解了《大學》裡所講的這一大段，由明瞭大學之道在明明德而知，從哪裡下手，從格物致知開始下手。這一段了解以後，下面印祖又給我們開示了，真正切實的工夫要從深信因果、止惡修善做起。為什麼惡斷不了？為什麼物欲不肯放下？那是因為對因果的道理不能夠切實明瞭，不能夠深信。真正信因果的人，他的樣子就變了，他一定會斷惡修善，不用人去鞭策。所以因果是非常重要的，而《了凡四訓》為我們講的正是因果的道理。我們來看印祖的開示：

【然不深窮理之士，與無知無識之人，若聞理性，多皆高推聖境，自處凡愚，不肯奮發勉

勵，遵循從事。】

這裡印祖給我們講的這個「士」就是知識份子，為我們點出了知識份子的通病。我們都是知識份子，有一點文化，但是「不深窮理」，不能夠深究，不能深入地探索宇宙人生的真相，是這種人。還有另外一種「無知無識之人」，這種人是一般的市井凡夫，他們沒有智慧，也沒有知識。這兩種，一種是有知識的知識份子，但是不深究窮理的人；另外一種是市井之徒。兩種人都有這種毛病，就是「若聞理性，多皆高推聖境」，當談到理性，就是真如本性，就是如來的智慧德相，就是明明德，談到這些，他們就都認為這是大道，是聖境。他們很景仰，但是認為自己不能做到，所以「自處凡愚，不肯奮發勉勵，遵循從事」。認為我自己凡愚一個，書裡面講的那些聖人的境界，是說給我們聽聽的，不可能達到。不相信自己本有如來的智慧德相，本有明德真心，不相信「人之初，性本善」，他不相信這個。所以認為自己是永遠達不到的，於是自甘墮落，不能夠勉勵去奉行，這是一個通病。知識份子是談儒學的，談到儒學，他能講得頭頭是道，但是你要讓他去做聖人，他就搖頭。這些可以作為寫論文的論題，但是如果用來讓我們去做聖人，他沒有信心。

要知道這些聖人之心，我們人人皆有。孟子講，「人皆可以為堯舜」，每個人都能像堯、像舜一樣成為聖賢。佛告訴我們，「人皆有佛性，皆當作佛」，都可以作！怎麼作聖、作佛？孟子有一句話講，「大人者，不失其赤子之心也」。大人就是聖人、偉大的人。大人他為什麼能夠成為大人？就是因為他不失其赤子之心。赤子就是孩子，小孩，嬰兒。多大的嬰兒？二三個月的嬰兒。他們沒有分別、執著。你看小孩子，你逗他，你給他吃糖，他給你笑笑；你給他吃不好的東西，他也給你笑笑，他並沒有分別、執著。他對父母那種依戀完全是純真的，這都是天真之性，自然的流露。如果我們能不分別、不執著、不思慮，這樣的天真之性就能維持下來，不受外界所染汙，那麼就叫作大人，那麼成聖成賢就很容易。

在佛門裡面，有一種菩薩行叫嬰兒行，學嬰兒。學嬰兒，就是學他的不分別、不執著，保持這種純真本性，一般凡人做不到。年紀大了，隨著自己年齡的增長，所謂閱歷增多，知識多了，欲望也跟著多了，貪嗔癡慢的習氣也多了，唯利是圖的想法、自私自利的想法多了。就像我們說的，這就俗氣了，真的成為一個俗人了。原本的真性就喪失掉了，明德就沒有了。其實說喪失也不是真喪失，它還在，只是它被這些物欲所蒙蔽了，被這種俗氣、這種違理情想給蒙蔽了。只要我們「格物致知」把它們袪除乾淨，還是跟原來一樣，真心能夠顯現。好！印祖下面給我們開示：

【若告以過去現在未來三世因果，或善或惡，各有其報。】

一般的人，小孩出生了，可以看到他有如來的那種天真的本性。他不分別、不執著，年齡大了，他就被汙染了。現在要從這些汙染裡回頭，這是非常難做的事情。雖然那麼難，還是有辦法。用什麼辦法最好？用因果教育。讓他明白過去、現在、未來三世因果，知道善有善報，惡有惡報，種瓜得瓜，種豆得豆。那麼他如果真正地通達明瞭因果報應的事實真相，他就不敢造惡業，他就自然想做善業得善報，慢慢地就回歸到本善來。

這一段經文是對於中下根人講的，他雖然不是很能理解心性的真意，但是可以教育他、啟發他，讓他明白「過去、現在、未來」的「三世因果」。他能夠知因，知道修因而得到美好的果報。所謂善有善報，惡有惡報。因為畏懼惡果，因而去修善因，這樣也能夠幫助他達到格物的效果。我們說過格物就是放下自己的物欲，跟自己的七情六欲、違理情想權衡，這樣才能夠最終達到明其明德，佛法裡講的明心見性，所以深信因果這一條是基礎。過去、現在、未來三世，這個因果可以說分為三種。所以我們這一生造的因，可能是現世就有報，所謂現因現果，也可能是來生得果報，也有可能是來生不得果報的，多生多劫以後才有後生報。所以修的因哪怕再小都會有果報。只要因緣俱足，緣就是條件，條件俱足了、成熟了，因就能夠成果。我們舉幾個例案來說明這三種因果的例子。

歷史上記載著這樣的例子，很多都是正史上的，譬如《資治通鑑》上面記載著，宋朝開國的時候有一位將領叫曹翰，他們正在攻打前朝的一個城池。前朝是南唐李後主李煜，他是皇帝，他已經投降了，剩下有一個城池還在堅守，這個將領就是不投降。宋將曹翰就把這城圍起來，足足攻了四個月才把這個城池攻下來。結果進了城以後，這個曹翰非常地憤怒，一怒之下就下令屠城，就把城裡的這些官民、軍民統統殺死。這一下把整個城池變得血流成河，這個罪業造得重，殺害了很多無辜的百姓。結果曹翰自己的子孫後來都變成乞丐了，這就是現報。

還有後生報的，我們造的因，也許要多生多劫才會遇到緣，才得以報。在佛經裡紀錄的故事有很多，我們講一個公案。釋迦牟尼佛當年成佛以後，他也回過自己的家族——釋迦族那裡講經說法。釋迦族的人特別給佛打造了一個寶座，供養佛。有一次，琉璃王，這是鄰國的國君，他是舍衛國的國王。琉璃王有一次在他還沒有當國王的時候，還很小，在八歲的時候，就曾經到釋迦族去拜訪，因為這個琉璃王跟釋迦族（就是釋迦牟尼佛的母親那個族）有親緣的關係。從前，琉璃王的父親想要跟釋迦族聯姻。結果釋迦族就把一個婢女嫁了過去，當時就是先把這個婢女認成自己的女兒，然後以公主的典禮把她嫁了過去。這個事情釋迦族的人都知道。

這個婢女嫁過去以後，就生了琉璃王。琉璃王當太子的時候，來拜訪釋迦族，因為他也不太懂事，看見釋迦牟尼佛講經説法的寶座，就坐了上去。釋迦族的子弟們看到了很生氣，就把他抓下來打了一頓，而且邊打還邊罵他，罵他是婢女生的孩子。因為印度的階級制度很嚴格，婢女屬於下賤的階級，所以她生出來的小孩也都屬於下賤人。釋迦族的子弟極端地羞辱了琉璃太子，使琉璃太子非常難堪，懷恨在心，發誓一定要雪恥、報仇。

後來他登上了王位，就積極地養精蓄銳，強大自己的軍力，準備帶兵去打釋迦族。佛知道了，就在路上一棵枯樹底下等候琉璃王的軍隊，琉璃王見到佛以後，被佛感動，於是就退了兵。結果回去之後沒多久，他還是覺得憤憤不平，一定要雪恥，發誓要把釋迦族的人都斬盡殺絕，才能雪恨，於是再次帶兵出發。佛看了沒辦法，知道這是定業難逃。後來琉璃王就開始攻打釋迦族，釋迦族被打敗了，結果琉璃王進了城以後就開始屠城，把釋迦族的人全部斬盡殺絕，連那些宮女都難逃性命，很多宮女手臂都被砍掉，然後被活埋。當時佛的弟子很多都有神通，知道琉璃王的進犯將會使釋迦族面臨一場毀滅性的災難，都勸佛趕快救救他們。佛當時正好是頭痛，他頭痛了三天，他也不理會這個事情。其中佛的弟子，有一個叫大目犍連的尊者，神通第一。他看見情勢緊張，為了救釋迦族，就趕緊利用神通力，把釋迦族的五百人裝到了他的缽裡面，然後送到了天上，希望能夠讓他們安全活下來。這場浩劫之後，琉璃王得勝了，他就班師回朝，也不佔領這個土地，就回去了。

很多弟子就對佛這種置之不理的態度不太理解，就來問佛，佛就告訴大家，這是屬於兩個族之間的業力。在很久很久，多生多劫以前，釋迦族是一個村莊裡的村民。有一年，他們村裡鬧災害，糧食沒有收成，於是就把村旁邊一個大湖裡的魚，統統都抓起來吃。那些魚、蝦統統沒放過，全部撈起來了。這池塘裡面有一條魚王，很大的魚王，大家一起分著吃，全村只有一個人沒吃，是個三歲的小孩子。這個小孩子雖然沒有吃魚，但是看見這個魚王，覺得好玩，於是在這個魚腦袋上面咚、咚、咚敲了三下，就是這麼一個因緣。多生多劫以後，這些村民由於共業，大家都轉生成了釋迦族的成員，而那個池塘裡的魚就轉生成了琉璃王的軍隊，那個魚王是誰？就是琉璃王，那個小孩是誰？就是釋迦牟尼佛。所以琉璃王是來討債的，把這個命債討回來。只有這個小孩沒有吃魚，所以他不受這個共業。這是我們平常說的共業裡面還有別業，一般裡還有個別。但是他當時敲了魚腦袋三下，佛的頭就痛了三天。這個時候，目犍連想起缽裡面還有釋迦族的五百人，看看他們怎麼樣了，就從天上把缽拿下來了。一看，這缽裡的人都變成了一灘血水，真的誰都逃不了。

從這個公案我們看到，真的是「假使百千劫，所作業不亡，因緣會遇時，果報還自受」，誰都逃不了因緣果報。連成佛了，成了佛等因緣會遇的時候，還是逃不了，避免不了的。當然這是佛的示現，佛絕對示現的是不昧因果，讓這個因果非常清楚地示現在我們的面前。所以當我們明白這個道理，我們的心就踏實了，樣樣事都免不了因緣果報。所以如果真的有人來討債，就歡歡喜喜地還債，心裡總保持著清淨、真誠，那我們才能得自在。在因緣果報當中，我們能夠得到清淨、平等、覺。請看下文：

【則必畏惡果而斷惡因修善因而冀善果。善惡不出身口意三。既知因果，自可防護身口，洗心滌慮。雖在暗室屋漏之中，常如面對帝天，不敢稍萌匪鄙之心，以自干罪戾也已。】

從這段文字我們看到，修道的先決條件就是深信因果。因為畏懼惡果那就得斷惡因，為了得到善果，希望有善果就要修善因，所以要斷惡修善。善惡都不出身口意三業的造作。《佛說十善業道經》裡告訴我們，身有三種惡因要斷除，所謂殺生、偷盜、邪淫；口的惡業有四種，妄語、惡口、兩舌、綺語；意的惡業有三種，貪、嗔、癡。這些都要斷除。既然知道了因果，知道哪怕點滴那麼小的因，哪怕是一個念頭都是有因果的。「自可防護身口，洗心滌慮」，這就是講身口意三業都能夠加以防護，而不使生惡。哪怕是「在暗室屋漏之中」，一個人在的時候，沒人知曉，但是都如同面對上帝、面對天神，不敢有一點點的「匪鄙之心」。什麼叫「匪鄙之心」？這個「匪」，和是非的「非」是一樣的意思。「鄙」是醜陋。換句話說，就是不敢稍有醜惡的念頭，不敢造惡事。「以自干罪戾也已」，這個「干」就是干犯，「戾」就是罪過，不敢冒犯皇天，不敢造作罪過。這是說明深信因果的人，他自然就會在身口意上防範，所以他就能夠成就。

【此大覺世尊普令一切上中下根，致知誠意正心修身之大法也。】

「大覺世尊」就是佛菩薩，就是佛，這是大聖。他是大覺，覺什麼？覺悟宇宙人生的真相，所謂「自覺覺他，覺行圓滿」。佛教導眾生不離因果。他「普令一切上中下根」，你看他教導眾生的對象，上中下三根都統統包括。上根的人，我們說的上根利智，他智慧很高，靈性很高，理解力強，所以他對心性能夠明瞭，這種人絕對相信因果，一點都不懷疑。中下根的人，他的信心就不會那麼堅固，比上根人要差，對於心性的了解並不透澈。但是釋迦牟尼佛對他們一視同仁，你看中下根的人固然要用因果教育，上根人也同樣要接受因果教育，這是「致知誠意正心修身之大法也」。致知就是覺照、看破。看破之後能夠念念都防範惡念，這樣意才能夠真誠。意念真誠了，他起心動念就正，正心了，身體造作也正了，就是修身。所以，可以見得深信因果、斷惡修善，是修行一切法門的大根大本。

【然狂者畏其拘束，謂為著相。愚者防己愧怍，為謂渺茫。除此二種人，有誰不信受。】

這裡講兩種人不信因果。一種是什麼？狂慧之人，他看的經論很多。一些佛學家就認為這些戒律，這些儒家的禮很拘束人，那些生活方式都是古人的，何必拿來約束我們現在人？而且還說拘於這些戒律，這不是著相了嗎？你看他不了解，如果破了戒、如果是違禮，那麼因果是絲毫不爽的。「愚者防己愧怍」，愚鈍的人，他們對於心性固然不了解，而且可能虧心事也做了，所以提起這些戒律，他們都覺得難以奉行、難以守住，這是他們在護短，所以就覺得成聖成賢很渺茫。所以這兩種人沒辦法接受因果，所以不持戒。

要知道佛教以戒為本！他們這兩種人怎麼做，其實跟我們無關，關鍵是我們自己要好好地深信因果，持戒守禮，斷惡修善，這樣我們自己才得利益。佛教導眾生的，我們要覺得就是佛給我講的，這樣就叫直下承當。所以佛講的戒律就是給我講的，我要遵守，別人做不做，別人造惡、破戒是別人的事情，跟我毫無關係，心裡不要想著去看別人的缺點。所以這裡講除了這兩種人，不是狂就是愚，除此之外「有誰不信受？」有誰不信因果？換句話說，不信因果的非狂即愚，果報當然一定都是惡道。

【故夢東云：善談心性者，必不棄離於因果；而深信因果者，終必大明夫心性。此理勢所必然也。】

夢東禪師，他又叫徹悟禪師。淨土宗的同修都了解，他是淨土宗的十二祖，這位是在禪宗裡明心見性後轉修淨土法門。印光大師在這個序文裡面引用夢東（徹悟禪師）祖師的這句話，「善談心性者，必不棄離於因果」。這是講上根之人他善於談心性，對於心性他能明白，真正明白的人絕對不會棄離於因果。「而深信因果者，終必大明夫心性」，對於中下根人，他們只要能夠深信因果，斷惡修善，老老實實去修行，最終也能夠明心見性、大澈大悟。所以這兩句話確實是講得非常的精彩。要知道心性和因果，它不是二，它是一體的。真心裡面一法不立，本來無一物，所以真心裡面也沒有因果。但是因果是心性的相，是心性的用，當真心起作用的時候，它能現、能變，所以說因果也是心性之所現。

我們看到十方三世一切的事相，一切宇宙人生的現象，從哪裡出來的？都是從我們一念心中所變現出來的，而這一念心，它的體就是心性，所變現出來的這些現象都是因果，無一不是因果。小者微塵，大者世界，統統都是無量的因果。哪一法不是因果？哪一法離開了心性？真正了解這個道理，才知道原來心性與因果不二。心性是體，因果是體之相和用。心性不容易見到，見到了心性就叫明心見性，那就成佛了。但是因果容易見到，所以我們要從因果裡面來看心性，知道一切因果、一切的事相都是以心性為體，這樣我們最終是能夠明心見性的。《楞嚴經》講，「諸法所生，唯心所現，世界微塵，一切因果，因心成體」。所以不可以把心性和因果分為二，否則那就錯了。

你看看修學淨土法門的，我們知道極樂世界是什麼？它是法性土，這是心性的極致。但是它怎麼來的？極樂世界是果，那是阿彌陀佛在因地裡無量劫的修行成就的，它也不離因果。要求生淨土的人，念這句佛號，真正以至誠心，深信切願求生淨土，這是修因。果必定是往生極樂世界，必定成佛。所以往生淨土也不離因果。往生到極樂世界了，見到阿彌陀佛了，「但得見彌陀，何愁不開悟」，所以自然能夠「大明夫心性」。因此菩薩懂這個道理，他起一個念頭都想到這念頭是有因果的，起心動念處都不昧因果。

真正明瞭通達這個事理的人，他的生活境界就自在了，因為他知道十法界的依正莊嚴無非因果。譬如說六道裡，天道的因是四無量心（慈、悲、喜、捨）、五戒十善，人道也是持五戒十善，畜生道是癡，餓鬼道是貪，地獄道是嗔，都是這些因招感的果報。你要想到哪一個道，你就修哪個因果，就自然感應入那個法界了。所以你就能得自在，這叫作改造命運。袁了凡這篇家訓就是教導我們如何改造命運，而改造命運，袁了凡他做到了。袁了凡是中下根人，他都能做到。我們學佛了，明白這些道理，做得應該比他更徹底，果報要比他更殊勝才對。請看下文：

【須知從凡夫地乃至圓證佛果，悉不出因果之外。有不信因果者，皆自棄其善因善果，而常造惡因，常受惡果，經塵點劫，輪轉惡道，未由出離之流也，哀哉！】

祖師為我們點出來「從凡夫地乃至圓證佛果」，修行從初到終都不出因果之外，都是按照因果而行。換句話說，修十善業是修證一切佛法的根本，深信因果、斷惡修善就是基礎。不信因果的人，他認為自己不受因果的控制，他自然就會「棄其善因善果，而常造惡因」。這種人，因為他不信因果，當然他就敢造惡業，為所欲為。造惡業的還是要受因果報應，不是說你不信了就沒有，不信還是有。他不信，他不肯回頭，不肯斷惡修善，那麼他的果報就是「經塵點劫，輪轉惡道」。「塵點劫」，這可是漫長的時間。一劫有多長時間？一個小劫有一千六百八十萬年，這是一小劫，一個中劫有二十小劫，一個大劫有四個中劫。這塵點劫，那是不知多少大劫了，真是無量劫來輪轉惡道。在地獄、餓鬼、畜生三惡道裡面受生，沒辦法出離，沒有機會，真是可悲可痛。想想我們其實也都是這樣的，到今生這麼幸運，了解了佛法，我們這一生到此為止，不能再做六道輪迴了，一定要專心唸佛，求生淨土。

【聖賢千言萬語，無非欲人反省克念，俾吾心本具之明德，不致埋沒，親得受用耳。】

這裡所說的聖賢，包括世出世間的聖賢，儒家、道家、佛家，他們的教誨無非都是令人「反省克念」。反省就是慧，是觀照，克念是克服自己的妄念，是定。所以反省克念就是致知格物。用看破、放下的工夫「俾吾心本具之明德」。人人皆有明德，這「明德」也叫性德，佛法裡面叫性德，人人本來具有。現在沒有辦法顯發，就是因為這些妄念，這些七情六欲，把它埋沒了。我們能夠「反省克念」，就是讓我們的明德不致埋沒，就能夠彰顯出來。彰顯出來之後就能「親得受用」。「親」是親自，我自己得到了佛菩薩的受用。這種受用是指法身、般若、解脫，你證得法身了，就有無量的智慧、無量的神通，得大自在。

【但人由不知因果，每每肆意縱情。縱畢生讀之，亦止學其詞章，不以希聖希賢為事，因茲當面錯過。】

這幾句話值得我們學佛的同修提起高度的警惕。我們往往學佛好多年，可能因果還不能完全相信。為什麼？還造惡。還造惡，不肯修善，這說明還不知因果，所以不得受用。「每每肆意縱情」，這是放肆，讓自己的意念放肆，放縱自己的情欲，這是造惡。雖然「畢生讀之」，我們學習聖賢教誨，學佛幾十年，終生學佛，學到最後連因果都不相信，沒有基礎。所以最後「止學其詞章」，充其量稱你為佛學家，你有很多佛法的知識，這些知識僅是皮毛而已，沒能夠真實得到聖賢的受用。所以他「不以希聖希賢為事」，他立志不是真正想成聖賢、作佛菩薩，他是搞儒學的、佛學的，不是真正在學儒、學佛。所以對著聖賢的教誨也是「當面錯過」。很可惜，遇到了聖教，不能夠這一生成就，來世不一定遇到佛法，那是很令人悲哀的。

【袁了凡先生訓子四篇，文理俱暢，豁人心目，讀之自有欣欣向榮，亟欲取法之勢。】

印祖對袁了凡的「訓子四篇」極力地讚嘆，說它是「文理俱暢，豁人心目」。這是指它的理、它的文字都非常暢達，能夠啟發人開悟，「豁人心目」就是讓人開悟。讀這四篇文章確實「有欣欣向榮，亟欲取法之勢」，欣欣向榮是比喻植物向著太陽。他這是比喻人讀了這本書以後，自然生起斷惡修善之心，想要取法了凡先生改造命運。所以了凡先生他能做到，為什麼我不能做到？我們應該很好地勤勉努力，不僅要做到，而且要超過他。這一生不僅能夠改造命運，重建美滿的人生，而且真正做到成聖成賢，命終往生極樂世界，做佛去。

【旬淑世良謨也。】

這個「旬」就是誠然。實實在在講，《了凡四訓》它是一部難得的善書。「淑世」，

「淑」就是善良、善，就是能夠改善世道人心的。《了凡四訓》是非常好的一篇教訓。所以印祖在生前，極力地倡印這本書，讓它作為我們學佛的根本。

【永嘉周群錚居士，發願流通，祈予為序。】

這裡說的是寫這篇序文的因緣，是因為永嘉（就是現在的溫州）有位周群錚居士，他發願要流通這本《了凡四訓》。這是修真實的功德，啟發人覺悟，他祈請印光老法師給他寫一篇序文。

【因撮取聖賢克己復禮閑邪存誠之意，以塞其責云。】

這句話是祖師謙虛的話。他是說自己寫的這篇序文，只是隨便找一些聖賢的話來完成這個責任。實際上，這篇序文寫得非常好。他可以說是把整個《了凡四訓》深奧的義理加以提煉，加以昇華，是點睛之筆。這裡「撮取」就是僅舉些大要，印光大師這裡所講的聖賢之道完全都是精華。「克己復禮，閑邪存誠」，這些都是聖賢教導我們的。「克己復禮」就是克服自己的習氣，而回復禮義。

《三字經》開始就說，「人之初，性本善，性相近，習相遠」。人本來都有本善之心，正如世尊所說的「一切眾生皆有如來智慧德相」。為什麼現在這些智慧德相、本善不能顯發？這是因為有習氣，佛講的是妄想、執著，要把這些克服。最初的要克服十六個字，自私自利、名聞利養、五欲六塵、貪嗔癡慢。把這些克除掉，這樣才能讓自己的本性本善顯發。這個「禮」本身講的就是性德，所以他用「復禮」，復是恢復的意思，說明你本來就有，性德本來俱足。禮是代表性德，現在不能顯發，就是因為自己的煩惱習氣。讓它顯發那要怎麼辦？把煩惱習氣克服乾淨就行了。「克己」的下手處就是《弟子規》，所以要把《弟子規》做到，你就是復禮了。

除了《弟子規》以外，三家的根都要扎穩。儒家的《弟子規》，道家的《太上感應篇》，佛家的《佛說十善業道經》，這些統統都要做到，那麼你的性德自然就能顯著、顯發。「閑邪存誠」，道理是一樣的。「閑」是防止。防止什麼？邪思、邪念。當我們的意念裡面有一點邪思邪知邪見、七情六欲，我們都要把它去掉，不要讓它生起。「閑邪」之後，自然就「存誠」，我們的意念就真誠了。這個誠絕對是得到清淨心，妄念不生。所以閑邪和存誠這個工夫是一體的兩面，閑邪必然存誠，存誠必然閑邪。

這就是印祖為我們所開示的成聖成賢之道。我們學習之後，最關鍵的是要落實，《了凡四訓》要常常念，來對照自己的心性，以達到改造命運、成聖成賢。今天的時間到了，我們就講到此地。講解過程中有不妥之處，請各位大德多多指正。

謝謝大家！

後記

《了凡四訓》，不僅文辭工麗，而且內涵豐富，讀來膾炙人口，啟迪人生。自成文以來，即被各界人士廣為傳誦，四百年來歷久不衰。

◆立身處世　勸化人心

本文雖然篇幅短小，卻是字字珠璣。細細研讀，幾乎句句都在檢點我們的毛病習氣，實在是我輩學人待人處世，立命修身，乃至了結凡心，成就聖賢之道的絕佳教材。

《了凡四訓》又名《命自我立》，是中國明朝袁了凡先生，結合了自己親身的經歷和畢生學問與修養，為了教育自己的子孫而作的家訓。

了凡先生在早期驗證了命數的準確性，後來進一步通曉了命數的由來，知道人可以掌握自己的未來，改造自己的命運；難得的是，他在下半生，又驗證了人完全可以自我「立命」，自求多福。在他智慧的人生經驗中，不僅僅是知命安命，更可貴的是教誡我們自強不息，透過修身積德，改造命運，給後世子孫留下積極有益的「立命之學」。

總之，《了凡四訓》確確實實是人生在世之至理名言，同時也是匡治目前社會風氣敗壞之最佳良法。凡欲改變命運，化凶為吉者，不可不讀此書；凡欲求功名富貴，壽命增長者，不可不讀此書；凡欲轉病為健，轉夭為壽，轉窮為達，轉罪為福，轉凡為聖者，皆不可不讀此書。

但願一得此書，即當悉心持誦，若能堅立大願，由解起行，則自己的命運可改，家庭的命運可改，甚至國家社會的命運亦可隨之改善，願有志者共勉之！

◆有識之士　備加推崇

二十世紀七十年代英國一位大歷史學家和哲學家湯恩比教授所說：要解決二十一世紀的社會問題，只有孔孟學說和大乘佛法。

進入了二十一世紀後，集孔孟仁民愛物與佛門立德修善於一身的《了凡四訓》，越來越得到海內外各界有識之士的推重，不僅是中華傳統文化復興的訊息，也是人類歷史發展回溯源頭的必然。

這篇中國家訓曾經對明治時期的日本青少年，產生過巨大影響。當時著名漢學家、陽明學大師安岡正篤先生，對《了凡四訓》，推崇備至，甚至視為「治國寶典」，他不僅建議日本天皇熟讀、細讀、精讀，還呼籲凡有志執政者，應詳加研究。迄今為止，一百多年了，仍然深深教化著日本政經界的高層菁英人士。

《了凡四訓》從格物致知、修身齊家、改過積善到成聖成賢，融彙了儒佛道三家的學問，所以本書雖然以儒家讀本的形式出現，但是深受一些佛門大德的尊崇。

民國初年的印光大師，一生對這本書極力提倡。他的弘化社，印送這本書約在百萬冊以上，不僅如此，而且還教我們研究、實行、講說、力行，可見，印祖對這部書的重視，他還專門為《了凡四訓》寫了一篇序文，加深了這篇家訓的義理內涵，把原文從儒學的高度，提升到佛法的高度，以聖賢的水準，為我輩學人，高屋建瓴地指出學習《了凡四訓》，重要的是「閑邪」、「存誠」，即止惡，守善。

當代一位舉世公認的佛學大德說：想興建高樓大廈，找到了土地才有可能。《了凡四訓》就是修學大乘佛法的土地，他甚至強調《了凡四訓》是佛法修學的一些綱領，明確提出這本書雖然不是佛經，但是要把它當作佛經一樣尊重。

最近，又有儒家經典推廣者，王財貴博士推崇本書為經典教材。他說：若能教導兒童熟讀，直到背誦，則終生將有受用不盡之功。……兒童讀經，若於經典之外加讀此書，不僅背誦更為容易，且與其他經典相輔相成融會貫通之效，又不言而可喻矣。

所以，《了凡四訓》這本書，是儒家講的安身立命的根本，也是經過祖師的證明提倡的佛學基礎。因為佛門有云：諸惡莫作，眾善奉行，自淨其意，是諸佛教。

我們目前可以看到《了凡四訓》古文讀誦本、白話解釋等各類書籍；電影、電視版；講解視頻網絡版；還有專門的弘法會以及專修網站……各種學習了凡的方式層出不窮。相信了凡先生有知，也會感到欣慰。

現在鐘博士《〈了凡四訓〉研習報告》也馬上正版發行，以饗海內外各界的朋友們。

可見，本書實在是一本立身處世，積功累行，勸化世道人心，和諧世界的不可多得的好書。

◆深信因果　了凡成聖

了凡，顧名思義，「了」是明白，也是完結的意思；「凡」，就是普通、平常的意思。「了凡」，即是所謂「此前種種譬如昨日死，從後種種譬如今日生」。

《了凡四訓》微言大義，講述了主人公轉夭為壽、轉窮為達、轉凡為聖的經歷。我們靜心體會，通篇字字句句，講的全是實實在在的因緣果報。

《了凡四訓》由立命之學、改過之法、積善之方、謙德之效四個部分組成，其中改過、修善的實例佔了很大篇幅。

透過這些改過遷善的實例，我們可以深刻體悟因果的道理。袁了凡先生之所以能夠了凡、成就聖賢之道的結果，是因為他真心改過，即真正放下、了結了自己以往的習氣、過惡之後，堅持不懈地積德行善，最終成就了義理再生之身，成就了聖賢之道。

尤其了凡先生講到幾個史料可考的案例，讓我們對因果更是毋庸置疑。

當年孔老夫子外公將要嫁女的時候，考證夫子的家族祖宗積德已久，逆知其子孫必有興者；又用大舜的至孝例子，眾所周知舜帝的果報是「德為聖人，尊為天子，富有四海之內，宗廟饗之，子孫保之」，所謂「即如生子，有百世之德者，定有百世子孫保之；有十世之德者，定有十世子孫保之；有三世二世之德者，定有三世二世子孫保之；其斬焉無後者，德至薄也」。也如《易經》所曰：積善之家，必有餘慶。這實在是因果之至論。

一談到因果，有人就認為是佛家的思想，那是因為不明「因果」而產生的誤會。「理同出於一原，道並行而不悖」，其實傳統文化儒釋道三家，講的都是因果，不管我們承認與否，我們每天生活在因果輪迴當中，每一個言語、動作、心念都在為下一個結果種因。

印光大師說，世出世間的理，不出心性兩個字，世出世間之事，不外乎因果兩字，理是心性，事是因果。大師當年在世，也是一生不遺余力提倡因果教育。

清初著名居士周安士說：人人信因果，天下大治之道也，人人不信因果，天下大亂之道也。人唯有深信因果，深明因果，才有所畏懼，而不敢作惡，因果教育，關係到整個社會，整個世界的安危，是宇清、國安、家和、人樂的關鍵，這是歷代祖師大德強調因果教育的一片慈悲之心。

◆精心安排　應病與藥

鐘茂森博士為了大家深受法益，特別把印祖的序文放到研習報告的最後講解。大家經過十幾個小時的學習，對《了凡四訓》有了完整的概念後，再來學習印祖的序文，味道就更濃厚，對其中的義理領悟的也會更加深刻，印祖所講重在兩點：閑邪，存誠。

閑是防止，防止什麼？邪思邪念。是我們的意念裡面有不利於學業、事業、家業、乃至於道業的那些邪思邪知邪見、七情六欲，我們都要格物致知，把它去掉，不要讓它生起；閑邪之後自然就存誠，這個誠就是意念真誠，就是不生妄念，得到了清淨心。閑邪必然存誠，存誠必然閑邪。所以閑邪和存誠這個工夫是一體的兩面，這就是印祖為我們所開示的成聖成賢之道。

鐘博士自己就是一個閑邪存誠的光輝典範。當年在美國留學，因為要以優秀的成績，供養父母，而且向母親發了誓，把孝順放在第一位，把事業放在第二位，鐘博士為了趕緊完成學業來報答父母，他自己給自己規定一個戒律，叫作「七不」。第一，不看電影；第二，不逛商場；第三，不留長頭髮；第四，不穿奇裝異服；第五，不亂花錢；第六，不亂交朋友玩樂；第七，不談戀愛。所以用心專精，每日安住在清淨的學習生活裡面，自然學習成績非常優秀，四年就完成了碩士和博士的學業，被美國導師譽為幾十年來最優秀的學生。

因為當年所發的願心真切，鐘博士不僅學業順利，事業有成，成就了現代優秀學子的風範，幾年來在弘揚傳統文化的大道中，更是享譽海內外，尤其難能可貴的是，鐘博士如今仍然堅守著「七不一」，繼續為我們上演著「閑邪存誠」、成聖成賢的人生大戲。

鐘博士還針對當今單親家庭較多，應病與藥，特別講到了凡先生童年父親就過世了，屬於單親子女，雖然家庭不幸，了凡先生照樣做了君子做了聖賢。又列舉到孔老夫子、孟夫子、范仲淹幼年喪父，釋迦牟尼佛一出生母親就過世了，他們都真心切願、精進不懈，最後成為了澤被後世的聖賢人物。這不僅是講法如如，更體現出博士念念的慈悲之心。「天行健，君子以自強不息」，只要真正認真學習和實踐聖賢的教誨，即使環境不好，也同樣可以成聖成賢。

其實，鐘博士本身，何嘗不是自強不息的碩果，他本身的成長就是最好的證明。

由於孝親尊師、持戒有定、精進不止，一路走來，從普通兒童，到學業、事業有成，到如今放下名利、修道立德、自利利他，幾年來在錄影棚講解超過一千二百多個小時的經典，博士圓融儒釋道三家之學，以普利群生之宏願，正在逐漸了凡、走向聖賢之域。

◆學問涵養　謙德之光

儒家禮樂道德和佛門戒律儀規其實是一不是二。孔夫子為什麼多禮？釋迦牟尼佛為什麼多禮？這是教我們一切恭敬。

我們為什麼要一切恭敬？了凡先生諄諄告誡我們，改過積善之後，心存禮敬，自有謙德效驗，這樣才會保持所積功行。所謂謙者受教有地，結果必然取善無窮。

《了凡四訓》有理論，有方法，有了凡先生的信解行證，是一部改造命運、昭示因果的教科書。最後鑒於一般初學行善的人難免會犯有「眾人獨濁，而我獨清；眾人皆醉，唯我獨醒」之志得意滿與藐視一切的驕傲作風。所以了凡先生在末篇特別提出「謙德之效」，叮嚀「滿招損，謙受益」的道理。人若能謙虛為懷，則行善惟恐不足，如此方能使積善落實，以致達到改善命運的目的。

所以，立命、改過、積善所修功行，惟有謙德能保持。在謙敬當中，周圍的人才能真正體會到智慧光明，聖賢風範。

◆結　語

了凡先生，這位躬行有德的善人君子，把他人生了悟到的因果經驗，真誠懇切地和盤托給兒孫，我們後世子孫何忍辜負？

《〈了凡四訓〉研習報告》，是鐘茂森博士學成聖賢的心得報告，是聖賢心境的傳遞，更是他個人道德學問的真實呈現。博士十六個小時殷殷的講解，讓我們明白行善修德之真心，需要堅勇長遠，尤其是最後對印祖序文四個小時的開解，讓我們深刻體會幾家聖教乃不二之實學，然終究要知行合一，格物致知，勉力成就。

縱觀當今之世，復興傳統文化，提倡因果教育，光大倫理道德，和諧社會人心，乃至成聖成賢，從《了凡四訓》做起，從立命、改過、積善、圓滿謙德做起，從我做起。

國家圖書館出版品預行編目資料

了凡四訓 / 袁了凡原著 ; 鍾茂森講述. -- 初版. --
臺北市 : 華志文化, 2016.12
面 ; 公分. -- (中華文化大講堂 ; 7)
ISBN 978-986-5636-69-2(平裝)

1. 格言

192.8 105019997

華志文化事業有限公司
系列／中華文化大講堂7
書名／了凡四訓

作者　袁了凡
講述　鍾茂森教授
執行編輯　楊雅婷
美術編輯　簡煜哲
封面設計　王志強
文字校對　陳麗鳳
企劃執行　康敏才
總編輯　黃志中
社長　楊凱翔
出版者　華志文化事業有限公司
電子信箱　huachihbook@yahoo.com.tw
地址　116台北市文山區興隆路4段96巷3弄6號4樓
電話　02-22341779
印製排版　辰皓國際出版製作有限公司

總經銷商　旭昇圖書有限公司
地址　235新北市中和區中山路2段352號2樓
電話　02-22451480
郵政劃撥　戶名：旭昇圖書有限公司（帳號：12935041）
書號　D107
出版日期　西元二〇一六年十二月初版第一刷
本書稿酬無償　歡迎助印

華志文化

華志文化